陆小曼传

月下 著

山西出版传媒集团　山西人民出版社

图书在版编目（CIP）数据

陆小曼传/月下著. -- 太原：山西人民出版社，2019.7
ISBN 978-7-203-10447-6

Ⅰ.①陆… Ⅱ.①月… Ⅲ.①陆小曼（1903-1965）—传记 Ⅳ.① K825.6

中国版本图书馆 CIP 数据核字 (2018) 第 138982 号

陆小曼传

著　　　者：月　下
责任编辑：薛正存
复　　审：吕绘元
终　　审：秦继华
装帧设计：三形三色

出 版 者：山西出版传媒集团·山西人民出版社
地　　址：太原市建设南路 21 号
邮　　编：030012
发行营销：0351-4922220　4955996　4956039　4922127（传真）
天猫官网：http://sxrmcbs.tmall.com　电话：0351-4922159
E-mail：sxskcb@163.com　发行部
　　　　　sxskcb@126.com　总编室
网　　址：www.sxskcb.com

经 销 者：山西出版传媒集团·山西人民出版社
承 印 厂：山东新华印务有限责任公司

开　　本：710mm×1000mm　1/16
印　　张：11.5
字　　数：152 千字
印　　数：1—5000 册
版　　次：2019 年 7 月　第 1 版
印　　次：2019 年 7 月　第 1 次印刷
书　　号：ISBN 978-7-203-10447-6
定　　价：40.00 元

如有印装质量问题请与本社联系调换

陆小曼六岁时留影

清新甜美的陆小曼生活照

陆小曼执笔沉思

陆小曼对镜自怜

陆小曼与徐志摩蜜月照

富有表演天分的陆小曼

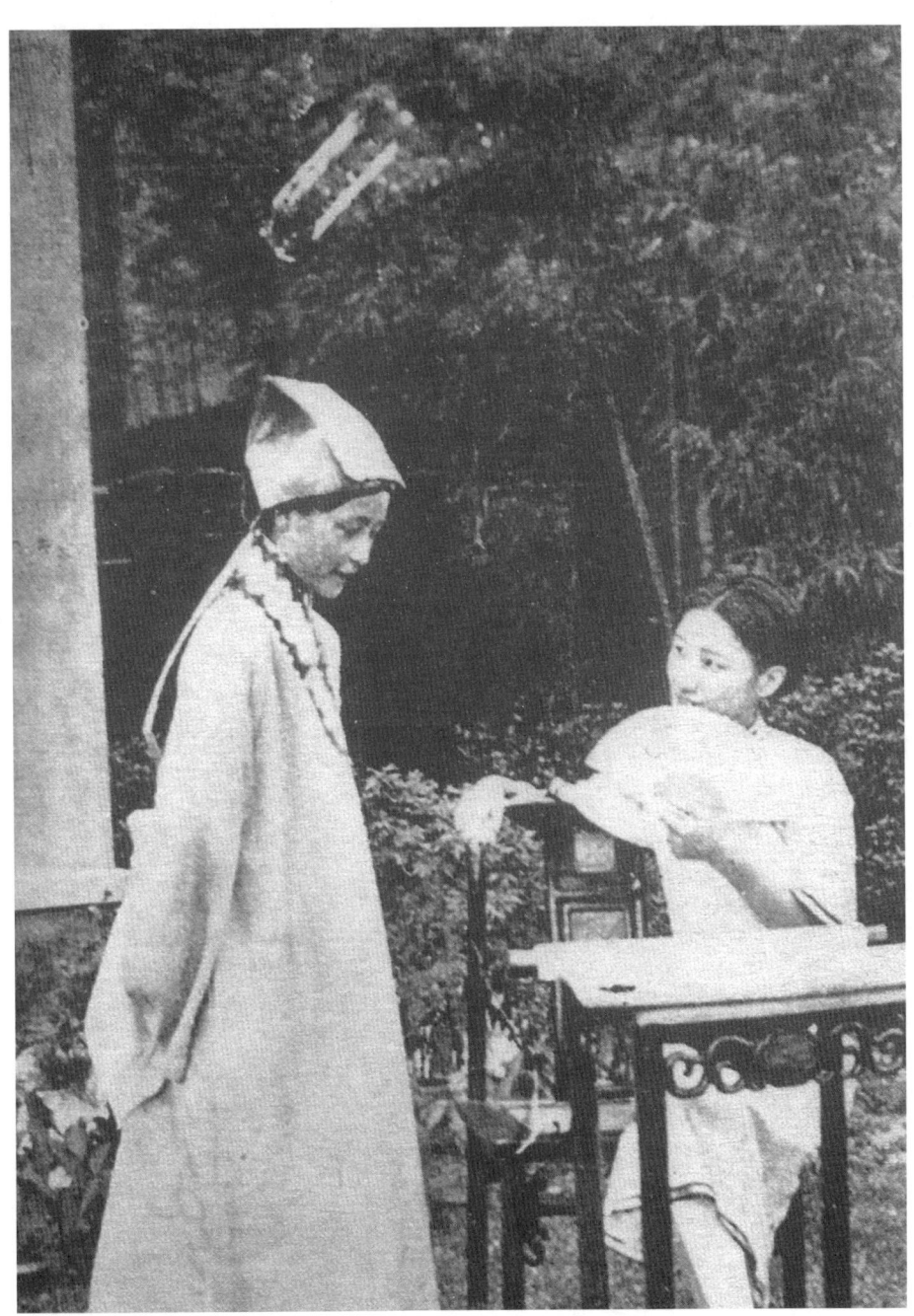

陆小曼与唐瑛对戏（坐者为陆小曼）

陆小曼郊游照

陆小曼与徐志摩郊游照

陆小曼与徐志摩合作的戏剧《卞昆冈》（1928年版本）

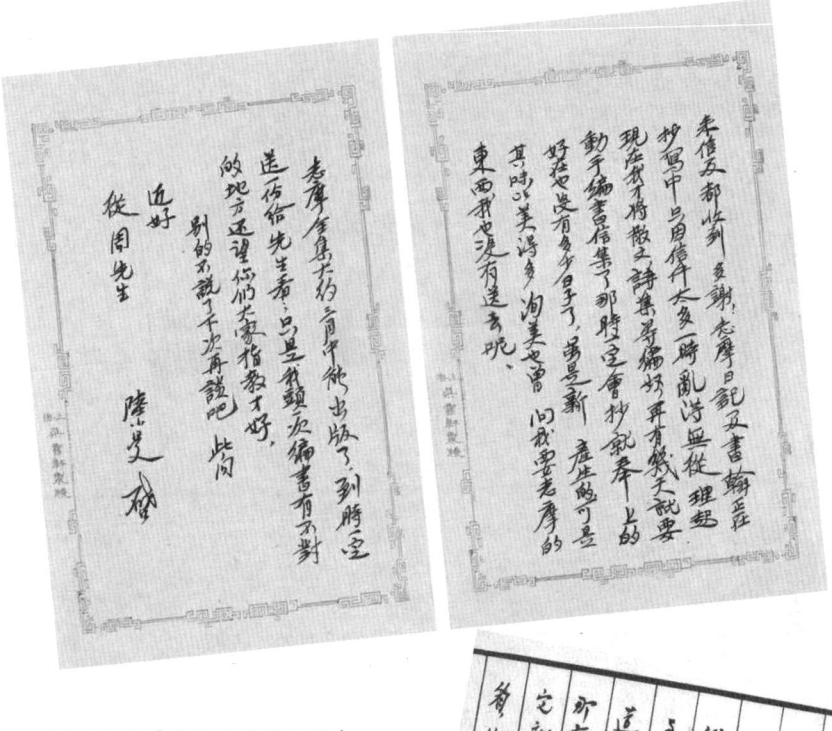

上图为陆小曼致陈从周信札副本

下图为赵家璧、陆小曼编《爱眉小札》

1931年徐志摩因飞机失事去世,陆小曼悲痛欲绝

陆小曼于侄女陆宗麟结婚时留影,时年四十五岁

晚年陆小曼与翁瑞午

序

有人问我：你会为爱情而死吗？

我反问他：有值得让我为他而死的人吗？

在那个时代，陆小曼为爱情离婚，可谓壮举。

现代人没有爱的没有爱，有爱的不敢爱，试探、防备，在自己的世界里辗转猜疑，把爱情变成了战争，直到两败俱伤。

林徽因选择明哲保身，陆小曼为爱情不顾一切，更见其真性情。王尔德说，为富有诗意的事业破产是一种荣誉。但是，并不是每个人都具备破产的魄力，多数人还是渴望没有风浪的、安定的生活。爱情是一种感觉，而生活更需要理性，需要计划、安排、衡量，但是爱情一旦衡量就不再是纯粹的爱，真爱没有条件，是最真的本心。有多少人为了那颗本心伤痕累累，无悔无怨。

真爱难得，所以无价。可是又有多少人有意无意地忍不住践踏这无价之感情？王子和公主走进婚姻的殿堂之后，战争上演，开始变得歇斯底里，开始玉石俱焚，开始……

婚姻生活不再像恋爱时那么浪漫。追逐得很艰难，如果得不到，连怅惘也会带上一丝迷幻的色彩，可是一旦得到，便不由得本性流露，本性与本性，总是容易发生龃龉。人是充满习气的动物，习气不除，苦就继续。所以有人会说:"爱是一场相互的妥协,失去哪一方的努力,都会最终分崩离析。"

小曼热衷于大上海的夜生活,流连夜总会,常在外面吃大菜,买戏票,逛赌场,生活非常挥霍,徐志摩的父亲看不惯这位儿媳妇,断了他们经济上的支援,志摩只好同时在几所大学教课,课余时间再赶写诗文赚取稿费。

有一天,小曼又玩到很晚才回家,徐志摩好心劝导,她"却听不进劝,大发脾气,随手把烟枪往徐志摩脸上掷去。志摩连忙躲开,幸未击中,金丝眼镜掉在地上,玻璃碎了"。徐志摩负气出走,免费搭乘一架邮政班机,飞往北平,飞到济南时遇上大雾,徐志摩和机上的两位驾驶员一同罹难。

听到这个消息小曼晕倒了。

人生无常,巨大的不幸在你毫无准备的情况下降落,山崩地裂的震动,一刹那的晕眩。小曼说欲死未能因老母,她在《哭摩》一文中,沾血带泪地写道:

> ……我希望摩的灵魂也来帮我一帮。苍天给我这一霹雳直打得我满身麻木得连哭都哭不出,浑身只是一阵阵的麻木。几日的昏沉直到今天才醒过来,知道你是真的与我永别了。摩!漫说是你,就怕是苍天也不能知道我现在心中是如何的疼痛,如何的悲伤……

我们总是不经意地去伤害身边的人,总有到头的时候,物盛而衰,泰极否来,他终会离开。

忽然想起《牛虻》中的一个场景,琼玛甩过额头的一缕灰发说:看啊,她因为误会亚瑟而打了他一巴掌,亚瑟自杀了,她因悔恨砍掉了打他的那只胳膊,已经变成牛虻的亚瑟看着她的断臂无动于衷。你为你的错误惩罚自己,可一切都已无可挽回。

一切都无法挽回,志摩再也不会回来。

小曼愧悔交加，痛彻心扉，仿佛做了一场大梦，如今梦醒，她再也不去那些娱乐场所，过起了深居简出的日子，终身素服，不再有无谓的交际。她开始收集志摩的文字，"遗文编就答君心"。

什么事情都要付出代价，萨特说：你被判为自由，你要为你的行为负责。所以当我们任性妄为的时候，当我们被激情冲击的时候，应该提醒自己恢复冷静，在冷静中做决定或者说话，谨言慎行的古训自有它的道理。"惜福"便是惜取当下，惜取拥有。

经历了那么多悲伤和磨难，我们是否开始懂得：珍爱生命，珍惜幸福？

志摩死后，小曼成了"红颜祸水"，徐家人对其恨之入骨，朋友们也逐渐远离。小曼虽有种种毛病，千番不是，但毕竟是个忠厚、真诚的人，值得交、值得爱。何况两人的错处，终不在小曼一人。还是小曼母亲吴曼华说得对："小曼害了志摩，志摩害了小曼。"

她似乎是中了寂寞的毒，没有人可以解得了。

王赓的呆板不可以，志摩的多情也不可以，爱人让她更寂寞了，只得希求于朋友。她用浮华驱赶空虚，留恋舞场，热衷社交。她从小没为衣食住行操过心，她与王赓的婚礼"仪式之甚，轰动京师，所有费用都是陆家一力承担……"，出身这样大家的女子哪里懂得生活的疾苦。

世人多怪小曼不懂得体谅志摩，谁人懂得小曼的苦衷。徐家公婆把徐志摩与张幼仪的离婚，归咎于小曼，"公公视我如仇人……我以最大的勇气追求幸福，但幸福在哪儿呢？是一串泡影，转瞬之间化为乌有"。再加上徐志摩与林徽因藕断丝连，频频看望，都有了浮言，小曼更灰心，她所追求的幸福，确实如泡影了。

外界的事情消磨着她的意志，再加上本身体弱多病，至爱也不能依靠，她又能如何呢？刘海粟说志摩有着文人的弱点，他的浪漫心性终究不能让小曼踏实地生活在他的世界里。郁达夫也参透两人关系的隐衷，所以连连对只看到表面的人说：他们之间复杂微妙，怪不得小曼。

陆小曼恣肆地活着、纵情地活着，她是有真生命的，不像屏风上那只绣上去的鸟。她不看人脸色，不邀男人的宠，这是林徽因也不能比的。胡适说她是一道不可不看的风景，但她不是活给别人的眼睛看而是活成一个本真的自己。世人就喜欢那种被驯化了的、有着传统美德的女子，对那些离经叛道、敢作敢为、敢爱敢恨的人却穷追猛打，以显示自己的正道，更有那些吃不到葡萄说葡萄酸的伪君子，竭力摧毁之。

所以，陆小曼是被众人宠爱的，也是被一切人所遗弃的。

目 录
CONTENTS

第一章 | 如花美眷谁人顾
豆蔻年华　　　　　　　　　　　　　　002
风光无限　　　　　　　　　　　　　　006
媒妁之言　　　　　　　　　　　　　　009
鸿门宴曲　　　　　　　　　　　　　　013
失意的人　　　　　　　　　　　　　　016

第二章 | 似水流年唤风华
同是女子　　　　　　　　　　　　　　022
那是初见　　　　　　　　　　　　　　027
离别在即　　　　　　　　　　　　　　032
相思成灾　　　　　　　　　　　　　　036
浪漫出逃　　　　　　　　　　　　　　041
好事多磨　　　　　　　　　　　　　　046
惊世婚礼　　　　　　　　　　　　　　051

第三章 | 悲莫悲兮生别离
世外桃源　　　　　　　　　　　　　　058
今朝有酒　　　　　　　　　　　　　　062
龃龉渐生　　　　　　　　　　　　　　067

朝朝暮暮　　　　　　　　　　　　**071**
　　双栖各梦　　　　　　　　　　　　**076**
　　刹那死别　　　　　　　　　　　　**080**
　　悔之不及　　　　　　　　　　　　**086**

第四章｜昔日戏言身后事
　　日记风波　　　　　　　　　　　　**094**
　　遗文编就　　　　　　　　　　　　**099**
　　爱慕者至　　　　　　　　　　　　**105**
　　暧昧之求　　　　　　　　　　　　**109**

第五章｜情深义重两相依
　　更是同好　　　　　　　　　　　　**118**
　　小报影射　　　　　　　　　　　　**123**
　　只有感情　　　　　　　　　　　　**126**
　　至情选择　　　　　　　　　　　　**130**

第六章｜身世飘零雨打萍
　　形影相吊　　　　　　　　　　　　**138**
　　情深潭水　　　　　　　　　　　　**142**
　　频频执笔　　　　　　　　　　　　**147**
　　合葬遗愿　　　　　　　　　　　　**152**

第七章｜凌云健笔意纵横
　　妙笔生花　　　　　　　　　　　　**158**
　　丹青生涯　　　　　　　　　　　　**165**

结　语　　　　　　　　　　　　　　**169**

陆小曼年表　　　　　　　　　　　　**173**

第一章 | 如花美眷谁人顾

她（陆小曼）毫未修饰，这说明了她的心境，但她依然是美丽的，宛如一朵幽兰，幽静而超然地藏匿在深谷中。

——赵清阁评陆小曼

豆蔻年华

有人说太幸福了让自己害怕，怕这是对运气的透支，于是小心翼翼，踌躇彷徨。陆小曼却恣意挥洒，因为她没有吃过苦，不认识苦，自然没有居安思危的心思。小曼生在大富之家，父亲陆定是晚清举人，早年留学日本，是日本首相伊藤博文的得意弟子，后来任国民党高官，当过财政部司长和赋税司长，也是中华储蓄银行的主要创办人。小曼的母亲吴曼华是常州白马三司徒中丞第吴耔禾之长女，上祖吴光悦做过清代江西巡抚。吴曼华出生于江南大家，并且多才多艺，为文绘画无一不精。二十岁时作诗一首："云蒸江树白，霞涌海波红。"人称神似杜甫。后来小曼嗜画喜诗，母亲的影响是无可置疑的，她的名字"小曼"也是来自母亲的名字。

小曼是含着金汤匙出生的。1903年农历九月十九，小曼来到这个世上。

民间传说那天是观音菩萨的生日,陆家人为此欢欣,戏称她为"小观音"。眉清目秀、玲珑剔透的小曼倒真有点像观音身边的玉女,她是吴曼华九个孩子中唯一存活下来的独苗,又体弱多病,因此更惹人怜爱。

小曼天生活泼,精灵古怪,从小就爱玩新鲜刺激的游戏,她与佣人们玩、与小姐妹们玩,总是花样百出、独辟蹊径,小伙伴们自然喜欢她,佣人更是围着她团团转。童年总是美好,无忧无虑,什么事情都有长辈撑着,可是小曼的童年却延续得太长,她大半生都像个孩子,把玩放在首位,像一首歌里唱的,拒绝长大,任性地叫嚷着:"我们还没幼稚完呢。"

抛开自身的性格,小曼的任性与天真与环境也有很大的关系,她是被娇宠惯了,生在蜜罐中,从来没有被拒绝,她只说"我要",然后就得到。

我一直以为"苦"从来不是生活的目的,我拒绝苦难,但是如今不得不承认,这个世界要求你必须有承受痛苦的能力,唯有苦难能磨砺这种承受能力。我也是从小被娇养惯了的,小时候的眼泪是为了"要",大了的眼泪是要不到的痛苦。当我尝到任性给予我的苦果后,开始认识到我一直自诩的"我是野生野长没有经过修剪的健康完美的自然人,没有被异化,没有被规训的畸形"是多么自以为是,生活是很现实的,而现实是残酷的。

小曼不是个不听话的孩子,不是顽劣不可救药的。有一次她和女仆们嬉戏,父母交代的功课一点不做,父亲气极了,便打了她几下,她也不哭,却从此认真读起书来。看来父亲打得不疼,只这架势就起了作用,而小曼,也是倔强的。管教对她来说,是起作用的。在孩子成长的路上,大人有责任稍稍矫正一下,像麦田的守望者,守望着容易迷途的羔羊。有时候过多的宠爱反而是一种伤害。

小曼一读书,可是不得了。因为她太聪慧,若有这勤奋,如虎添翼。小曼七岁时进北京女子师范大学附属小学读书,九岁到十四岁在北京女子中学读书,十五岁转入圣心学堂。圣心学堂是法国人办的,多半是为了招收外国青年，也有一些中国学生，都是北京军政界部长级干部家的孩子，如曹汝霖的女儿（*曹汝霖时任交通总长*），可见父母对小曼的期望。

圣心学堂是一所贵族化的学校，小曼在这里学习英文、法文、钢琴、舞蹈、油画、礼仪等，接受东西方文化教育，所以她的身上既有中国传统观念，又有西方现代文明，这也为她敢于挣脱没有爱情的婚姻打下基础。

她经常参加中国外交部活动，所以对西方文化更加熟稔。当时北洋政府外交总长顾维钧要圣心学堂推荐一位精通英语和法语的姑娘去外交部接待外国使节，十七岁的陆小曼不但精通这两种语言，还美丽大方，举止优雅，自然成为首选。陆定夫妇也觉得这是锻炼小曼的机会，欣然答应。小曼从此出入外交部，参加接待活动以及外交部举办的舞会，担任中外人员的口头翻译。

小曼凝眸而笑，眼睛清澈透亮，举手投足，散发着大家风范，她没有普通女孩的扭捏不安，又见多识广，与外宾谈笑风生，颇有些机智的华彩篇章，虽在温室中长大，却自有一种野性的风情，正与林徽因形成对照。像人们评价所说，林徽因有一种脱俗之美，不食人间烟火般，而陆小曼则是世间的，娇媚俏皮。

张幼仪回忆第一次见到陆小曼时的情景说："吃晚饭的时候，我看到陆小曼的确长得很美，她有一头柔柔的秀发，一对大大的媚眼。"从现在的照片看，看不出小曼的可人之处，据说她不上相。王赓因公去哈尔滨上任时，因小曼随后就到，所以整座城里都贴满了这位远方佳人的招贴画。她到哪里都能掀起热潮，男人遇到她不得不臣服于她的光彩之下，女人遇到她也想亲近她。

女作家赵清阁回忆说："她毫未修饰，这说明了她的心境，但她依然是美丽的，宛如一朵幽兰，幽静而超然地藏匿在深谷中。"

何竞武的女儿何灵琰与陆小曼极亲昵，她说小曼"却别有一种林下风致，淡雅灵秀，若以花草拟之，便是空谷幽兰，正是一位绝世诗人心目中的绝世佳人。她是一张瓜子脸，秀秀气气的五官中，以一双眼睛最美，并不大，但是笑起来弯弯的,是上海人所谓的'花描',一口清脆的北平话略带一点南方话的温柔。她从不刻意修饰,更不搔首弄姿。平日家居衣饰固然淡雅,但是出门也是十分随便。她的头发没有用火剪烫得乱七八糟,只是短短的直直的,像女学生一样,随意梳在耳后。出门前,我最爱坐在房里看她梳妆,她很少用化妆品,但她皮肤莹白,只稍稍扑一点粉,便觉光艳照人。衣服总以素色居多,只一双平底便鞋,一件毛背心,这便是名著一时、令多少人倾倒的陆小曼。她一举一动,一颦一笑,都别具风韵,说出话来又聪明又好听,到现在为止还没有再见到一个女人有干娘的风情才调"。

年轻的陆小曼的风情才调也让一些外国贵宾们刮目相看。尤其是陆小曼处处维护祖国颜面更让人心生敬意。

有一次,小曼陪同外宾观看属于国粹的文艺表演,有些外宾蔑视地说:"这么糟糕的东西,怎么可以搬上舞台?"小曼虽知节目水准确实不怎么高,但还是要杀杀外国人的威风。她说:"就像不是所有人懂得欣赏法国的歌剧一样,这些都是我们国家有特色的节目,只是你们看不懂而已。"外国人听后无言以对,只好耸耸肩了事。

顾维钧对小曼外交活动中的表现颇感满意,当着陆定的面就说:"陆建三的面孔,一点也不聪明,可是他女儿陆小曼小姐却那样漂亮、聪明。"这话叫陆定高兴也不是难堪也不是。

小曼柔和的歌声、轻盈的舞态、明艳的笑容引来大片好感,且能诗能画,写一手好的毛笔字,还能演戏,更成为众人倾慕的对象。磊庵说:"北京的外交部常常举行交际舞会,小曼是跳舞的能手,假定这天舞池中没有她的倩影,几乎阖座为之不快,中外男宾,固然为之倾倒,就是中外女宾,看了她也目眩神迷,欲与一言以为快。而她的举措得体,发言又温柔,仪态万方,无与伦比。"

小曼的早慧是天生的，从九岁的一件事就能看出来。

袁世凯当政时，借口国会中的国民党议员与二次革命即孙中山发起的"讨袁之役"有关，下令解散国民党，搜缴国民党议员的证书、证章，风声越来越紧，而陆小曼的父亲陆定却还是戴着党章到部里去上班。有一天，九岁的女儿小曼看到了，说："爸爸，证章、证书带在身边多危险啊，还是摘下来收好吧。"陆定恍然，才发现自己大意了，就摘下党章收起来。果然，事有凑巧，当天陆定就被警方传去问话，没搜出党章来，陆定暗自佩服起女儿小曼来。警察没有轻易放过他，夜里又到陆家突击搜查，吴曼华已经将陆定和国民党往来的书信等证据收好，他们什么也搜不出来，就打算从孩子这里下手，盘问陆小曼："你爸爸的书信都放在什么地方呀？"母亲着急地看着陆小曼，却又不能表现出来，只见小曼从容应道："爸爸的书信公文向来是放在办公室里的呀。"

"那私人信件呢？"

"你们翻出来的不都是吗？"

警察没办法只好灰溜溜地走了，陆定也因查无实据被许多人保释回家了。

一开始便非凡品，小曼的起点太高，却没有把握住，上帝给予你的就那些，过早地挥霍完了，就剩下孤寂，像烟花一样，绚烂至极而转为灰烬。

风光无限

小曼是性情中人，自然不懂得精打细算，她的人生更像张爱玲所说的"那一大撒把"的快乐，只是张爱玲张弛有度，偶尔"撒把"，小曼却是忘记了自行车还有车把，像无轨电车，自行往来。

有些人静水流深，有些人锋芒毕露，而小曼则把自己的锋芒变得婉转。

有一次，法国的霞飞将军在检阅我国仪仗队时，看到仪仗队的动作不够整齐，挖苦道："你们中国练兵方法大概与世界各国都不相同吧。"陆小曼当即回道："没什么不同，因为您是当今世界上有名的英雄，大家见到您不由得激动，所以动作无法整齐。"

记得萧红的祖父说过：有钱人家的孩子，是不受气的。到了小曼这里更是如此，小曼是不受气的，而且疾恶如仇，以牙还牙，很有一些侠义心肠。在一次节日宴会上，某些外国人大概是出于好玩的目的，用点燃的烟头烫中国儿童的气球，"嘭"的一声气球炸掉，孩子吓哭了，外国人却捧腹大笑，孩子的家长不敢对外国人怎么样，小曼却气不过。她冷静地拿起烟头触向外国儿童的气球，听着爆破声外国人目瞪口呆，小曼却泰然自若。

因其纯粹所以爱憎分明，不会慑于外界的客观存在，权势、地位、金钱都影响不了小曼。凛冽而清澈，爱也爱得壮烈，恨也恨得彻底，她的生命里没有灰色地带。

在外交部兼职的三年，陆小曼声名鹊起，从一个青涩的女学生转变成社会名媛。"名媛，是一个源自古代、在20世纪30年代开始流行的称谓，一般是指那些出身名门、有才有貌、又经常出入时尚社交场的美女，此外，她们多对社会有所贡献，并热衷慈善。"这是对名媛的定义。有些人总爱说："大家闺秀的母亲教她做名媛。吴曼华为了把女儿培养成社会名媛，她手把手教授了陆小曼作为一个名媛在言谈举止及内涵方面应该具备的东西。站立行走间亭亭玉立，回眸一笑间百媚倾城、春光失色，谈吐间笃定自信、落落大方。"名媛是教出来的吗？如果是，那笑容会不会千篇一律，那举止会不会像牵线木偶？见过她的人评价说："她的一举一动，一颦一笑，都别具风韵，说出话来又聪明又好听，到现在为止还没有再见到一个女人有干娘的风情才调。"我无幸见此名媛，但也能猜想到她的魅力是非凡的，绝不是教出来的，知识可以教，但内涵有种天赋的东西在里面。

徐志摩为她疯狂，翁瑞午为她情根深种，连板板的胡适都不由得对她心猿意马。胡适说她是"北京城一道不可不看的风景"。眼光极高的画家刘海粟也说："谁知站在我们面前的竟是一位美艳绝伦、光彩照人的少女，原来她就是蜚声北京社交界的陆小曼……从各个角度来看，只觉得她的风度姿态，无一不合于美的尺度；如作写生画，全是可取的难得的材料；想来也只有'衣薄临醒玉艳寒'七字，略可形容一二了。"

如此陆小曼到哪里都是焦点，后面跟着一个捕捞舰队。在学校里时，她就是"皇后"。陆小曼身材不高，而且很瘦弱，却出落得俏丽脱俗，婀娜动人。举手投足间，优雅端庄，如清风阵阵，在圣心学堂掀起涟漪。每次到剧院或中央公园游园会时，外国和中国大学生前后十几人簇拥着她，有的帮她拎包，有的帮她拿着外套，她对那些人只是不屑一顾。小曼有小曼骄傲的资本，仿佛史湘云，从未将儿女私情萦绕心上，所以当王赓出现的时候，她也就没了自己的意见。她的心里还没有对爱情对象的描摹，不知情为何物，仍旧懵懂。早说过她的儿童期过长了，当然也许是没有出色的人，没有一个人让她眼前一亮。

小曼闻名于校内外是从一幅油画开始，有一次外国人到圣心学堂参观，看到一幅精致的油画，问是何人所绘，校方告知是学生陆小曼，外国人很欣赏，资助圣心学堂办学，当即付二百法郎将画买去。小曼自小跟母亲学习古文诗书，丹青笔墨，已经有扎实的中国画绘画功底，又在圣心学堂学习油画，虽与中国画笔墨不同，但凭借她的天赋，仍表现出比其他同学更高的悟性。

一个人，如果拥有美貌，定会让人眼前一亮，如果再有气质有内涵，更是不可多得，如果还有才华，那就几近完美了。

陆小曼是名副其实的"一代才女""旷世佳人"。知名画家刘海粟曾称赞小曼说："她的古文基础很好，写旧诗的绝句，清新俏丽，颇有明清诗的特色；写文章，蕴藉婉转，很美，又无雕琢之气；她的工笔花卉和淡墨山水，颇见宋人院本的传统；而她写的新体小说，则诙谐直率……"这绝不是场面上的恭维话，大师们对一个平庸女子如此夸耀，只会有损自己的眼光和品位，徒增笑话，他们没有必要这样做。

小曼最终的成就并没有达到应有的程度，没有成为一代大家。完美的小曼生性张扬，喜欢被簇拥、盛赞，享受众星捧月的感觉，社交生活成了她生活的一个重要组成部分。当一个人把时间浪费在社交上之后，就很难沉下心来做自己的事。小曼浪费了自己的才华，把精力放到这些虚浮的事情上去，因为闪光太诱惑，她孩子气的心性缺乏抵抗力，就在玩闹中沉沦，对此，后人多有诟病。别人的目光和盛赞像肥皂泡，"啪啪"地一个接一个碎了，什么都不剩。或者有人会说，人生本来就是一场幻梦，"一切有为法，如梦幻泡影，如露亦如电，应作如是观"，那是纵观宇宙，看透了，内心就能够得到平静，可是小曼显然没有得到平静，繁华落尽，只有苍凉。有自己的事业才会有所倚仗，事业不仅是生活的支撑，还是精神的填充。小曼之所以无法沉下心来，还因为她的寂寞，她太娇气了，心灵上受不得一点苦，就用外界的人和事去填充，她不能自给自足。有人教她习文作画，让她肆意发挥自己的才情，却没有人教她人应该有一种理想。

也之所以如此，小曼才会对爱情孤注一掷。那是她的生命，除此之外她什么也没有。往宽里说，爱情也是一种理想。这个理想在她的心里自发萌芽疯长了，冲过重重的阻碍，虽千万人吾往矣……

媒妁之言

在追寻爱情的道路上，她的阻碍又是什么呢？

1922年，清秀可人、明眸善睐、婀娜多姿、尽态极妍的陆小曼十九岁了，许多世家子弟、达官贵人来提亲，这颗掌上明珠吴曼华自不会轻易许人，她挑挑选选，哪一个也不能称她的心。而小曼自己则冷冷地看着说媒人踏破门槛，她不动心亦不操心，对于爱情，尚还懵懂。也即是这样的懵懂才产生了懵懂的婚姻。

陆小曼在《关于王赓》一文中说："我十九岁时，在'父母之命'下与他结了婚，但感情一直不好。"

王赓比小曼大八岁，江苏无锡人，出身官宦家庭，与陆小曼也算门当户对，只是到了他这一代家道中落。他从小就是个安稳懂事的孩子，没有纨绔子弟的习气，一心要复兴门楣，因此他勤奋读书，中学就读于清华学校，之后就读于密西根大学、哥伦比亚大学、普林斯顿大学，获普林斯顿大学文学学士学位，又转到西点军校攻读军事，获颁陆军少尉军衔。王赓回国正值世界动荡而中国各路军阀混战时期，拥有炫目学历的王赓受到各方势力青睐，都想把他纳入自己麾下。

作为青年才俊，王赓成了名门望族理想佳婿的人选。所以由小曼的寄父母唐在礼夫妇介绍，年轻英俊且看起来很有前途的王赓前来议婚时，吴曼华眼前一亮，这个气宇轩昂、谈吐不凡的人就是她心目中的最佳人选，当下立马拍板，就是这一个了。从订婚到结婚，还不到一个月。

小曼的母亲把自己非常中意的女婿看成东床快婿，虽然现在没什么钱，日后定会大有作为。结婚的费用也全由陆家来出，在金鱼胡同的海军联欢社举行婚礼，排场之盛轰动京师。光女傧相就请足九位，有曹汝霖的女儿、章宗祥的女儿、叶恭绰的女儿、赵椿年的女儿及几位英国小姐。当天海军联欢社大门几乎被挤爆，中外来宾数百人，撑足了面子。

虽说是受父母之命，但小曼自己还是同意了的。对于王赓，这个看起来无可挑剔的人，她想不出来拒绝的理由，但是又觉得有些怅惘，是少女的情怀，陌生而不踏实。如果还是三从四德的旧式女人，必会对长辈的安排心安理得，觉得什么都是理当如此，但是受了新思想影响的小曼开始注重感觉。然而那一点点朦胧的感觉却没有让她做出清晰的判断——比如先相处一段时间。

包办婚姻的时代，不懂得"爱情"一词，小曼处于一个新旧交替的社会时期，那个时期有好多受新思潮影响的知识分子在老家的妻与自己的女学生之间摇摆，企图冲出死水般的婚姻牢笼。其中最佩服鲁迅先生，他至终不为传宗接代，倔强如他的文章，像尼采，洁净无尘，绝不凑合。小曼却处在觉醒与未觉醒之间。才子佳人，就这样被促成了。

众人眼中的香饽饽忽然有所属，那些仰慕者不无醋意地议论开了：王赓哪辈子修来的福分，独得这样的佳人？唉，人好家世又好，便宜都被他捡了。也有人不怀好意地表露自己的先见之明，谁知道是福是祸呢，现在说什么都还太早。

祸兮福所倚，福兮祸所伏。

果然，别人眼中最般配的佳偶不一定真的严丝合缝。托尔斯泰说："幸福的家庭都是相似的，不幸的家庭各有各的不幸。"婚姻内部确是如人饮水，冷暖自知。

婚后，两人的分歧渐渐显露。小曼自小被娇纵，有些任性、有些自我，需要被时时呵护，而情商不高、行为刻板的王赓只能给予小曼物质上的满足，却缺乏精神上的互动，不能让她开心。

出身于普林斯顿和西点两所重点学府的优秀学生，在20世纪初的中国大概仅王赓一人。大名鼎鼎的"二战"欧洲盟军统帅后来成为美国第三十四任总统的艾森豪威尔曾与王赓同级，从学校的选择也可见王赓是个有理想有抱负的青年，他不会沉迷于你侬我侬的两人世界。虽然也读过文学，但是他的留学生活与徐志摩等人不同，写诗的人需要悠闲和多感，而军事学校要的是严谨和严肃,几年的留学生涯,让他既有深厚的人文修养,又有着军人的俊朗和雷厉风行。像张幼仪说的,"我不是有魅力的女人,不像别的女人那样,我做人严肃,因为我是苦过来的"。王赓也是苦过来的,他家道中落,熬到这一步全凭自己奋斗,没有理由不悉心进取,他要在仕途上走出一条光明之路。在传统观念中,王赓一定是个安分守己、前途光明的好男人,非那些浑浑噩噩不思进取的纨绔子弟能比,但是,不知道这类人会不会被贾宝玉称为禄蠹,为林妹妹所不喜?

个人选择不同,每个人都有每个人的理想,像《围城》中说:"因为在大学里,理科学生瞧不起文科学生,外国语文系学生瞧不起中国文学系学生,中国文学系学生瞧不起哲学系学生,哲学系学生瞧不起社会学系学生,社会学系学生瞧不起教育系学生,教育系学生没有谁可以给他们瞧不起了,只能瞧不起本系的先生。"

"百无一用是书生"中的书生不就是指徐志摩这一类了?

小曼是舞场的皇后,社交界的宠儿,过的是五彩缤纷的夜生活,在繁华里沉醉、旋转,王赓的不解风情更加剧了她的寂寞,让她更是愿意流连娱乐场所。虽然对小曼又敬又爱,但王赓也忍不住发脾气。可是小曼在家的时候呢,王赓也并不过来陪她闲聊与玩耍,他性格大大咧咧的,没有对妻子温存的手段。小曼说:"你回来了。"他"嗯"一声就进了自己的书房。他在书房里,一坐就是几个小时,从周一到周六都是用来工作,似乎只为他的仕途着想。他的无视让她有些屈辱,以前可是众星捧月的,如今却在家中寂寥——劳伦斯说:"因为没有温暖的感情将这一切有机地凝聚起来,所以这房子就像一条废弃的街道那么凄凉。"小曼感到了凄凉,她的寂寞在无形中扩散。婚姻需要经营,不是娶回家就没事了,这也是为什么婚姻会成为坟墓的原因,封闭阴郁、死气沉沉。像流水,这边不通就往那边流,人的感情也总要找一个出口。有时候移情并不是他比你更优秀,仅仅是他比你更重视我。所有的侮辱当中，无视是最最严重的。

他们的感情危机早已埋下。

鸿门宴曲

托翁还说："一个家庭要采取任何行动之前，夫妻之间要么是完全破裂，要么是情投意合才罢。当夫妇之间的关系不明确，既不这样，又不那样的时候，他们就不可能付诸任何措施了。许多家庭好多年一直维系着那副旧传统，夫妻二人都感到疲惫不堪，只是因为双方既没有完全反目也不十分融洽的缘由。"

王赓与陆小曼的婚姻就这样悬而不决地维持着，直到徐志摩出现，或者即使没有徐志摩，也还有别的人，知情知趣，月下花前。小曼身边一直有人虎视眈眈，如张歆海、胡适。

诗人讨巧，总容易得女子欢心，仿佛苍天故意捉弄一下世人，乱点了鸳鸯谱，朴实、贤惠的张幼仪倒是更适合木讷、老实的王赓。他们却成为别人爱情的牺牲品。怎么说呢，爱情从来没有对错，只有爱与不爱，每个人都要为自己的行为负责，不爱是有缘由的。但是不爱又为什么要结婚呢？这个时候就是不负责任了。记得有个朋友说，只一心追求自己的爱情的人，往往是最自私冷酷的。"对别人仁慈就是对自己残忍"，这句话用在移情别恋上，最恰当不过了。

徐志摩与王赓同是梁启超的学生，都是新月社成员，他们也是朋友。志摩是王家的常客，由于王赓专注于工作，小曼说要出去玩时，王赓就说："我没空，叫志摩陪你玩吧。"当徐志摩邀请他们夫妇的时候，他也说："我今天很忙，叫小曼陪你玩吧。"

陆小曼与徐志摩在得到王赓首肯的大好形势下，同游长城，逛天桥，喝茶看戏，打牌画画，日子长了，难免不生出情愫来。

同年，王赓接到一纸调令，要去哈尔滨担任警察局局长，小曼随行。哈尔滨的社交生活相对冷清，小曼无法忍受，而且这里没有志摩陪伴，她要回北平，王赓也没有阻拦。王赓真是个实心肠的人，从来没有怀疑过小曼的心，没有感觉到家庭的危机，在他的心里，世俗情理、生活状态就是一个格子，每个格子装每个格子该装的东西，什么都不会越轨。

然而，陆小曼与徐志摩难舍难分了。

徐陆之恋闹得满城风雨，王受庆这个名字传遍大街小巷，但他也没有失去理智。张幼仪在《小脚与西服》中提及，王赓曾要"杀"徐志摩，想来只是一时气极，血气方刚，又是军人，哪里受得了这种屈辱？说，说不出口，骂，又不符合他的身份，他唯有沉默。

后来，他到了上海，工作稳定下来，想接小曼过去，他以为可以重新开始，一时的激情会慢慢淡化，但小曼对他火爆的语气有些怵。"一、请她放尊重点；二、请她火速去上海。"他紧紧地抓住丈夫这个身份，准备打一场持久战，把小曼拉回到自己身边。但是他一个人怎么"斗"得过一群人，徐志摩和陆小曼是两股力量，再加上胡适、刘海粟、张歆海，甚至一直站在他这一边的小曼父母……

听到他的最后通牒让小曼去上海，小曼当即昏倒，但是病好了之后，还是由母亲陪着来到王赓身边。

有一次，王赓说："你在家里等我，我回来有事。"恰巧与小曼齐名的"南唐北陆"中的唐瑛来要请小曼吃饭，小曼犹豫，同伴们开玩笑说："我们总以为受庆怕小曼，谁知小曼这样怕他，不敢单独跟我们走。"边说边往外拉。小曼正要上车，王赓回来了，他怒斥道："你是不是人，说定了的话不算数的。"场面尴尬到极点。小曼倍感委屈，找到母亲，一定要回北平。

父亲知道小曼被责骂的事情，非常气愤，支持小曼的选择，但是陆母还是不同意她与王赓离婚。

徐志摩先找胡适，胡适觉得为难。他又找刘海粟，不服封建婚姻而逃出来的刘海粟对他们的遭际深表同情，决定出面干预。刘海粟先劝陆母，晓之以理动之以情：强逼着小曼留在王赓身边，她不开心，闹得您二老也不安宁，这样一直闹下去，他们就能白头偕老了吗？多少婚姻不自主的人酿成了悲剧啊，你们愿意自己的亲生女儿活在痛苦中吗？

陆母感戴王赓忠厚孝顺，说出自己的疑虑，但她的心还是有些动摇了，只是担心王赓那一方面不同意，怕翻了脸不好收场。

刘海粟乘机说："这个不用你担心，我会想一个办法，会照顾好大家的面子，你只管心里有数就行了。"

于是刘海粟在上海素菜馆"功德林"宴客，仿佛摆了一场鸿门宴，一群人围攻王赓一人，虽然并无恶意，却到底让王赓不好受。在座的有小曼母女、徐志摩、张歆海、杨铨、唐瑛及唐瑛的哥哥唐腴胪等人，王赓一看就感觉到这场宴会有名堂，但还是不动声色，与大家打过招呼，坐定。见大家都不说话，张歆海忍不住问了："今天到底是请我们来干什么？你葫芦里卖的什么药啊？"刘海粟正愁如何开口，张歆海就引出了话题，他趁势端起酒杯说："今天我做东，把大家请来，是纪念我的一件私事。当年我拒绝封建包办婚姻，从家里逃了出来，后来终于得到幸福婚姻。来，请大家干了这一杯。"

饮毕，刘海粟接着说："大家都干了这杯酒，表示大家对我的举动的支持，大家知道，我们正处于一个社会变革的时期，新旧思想、观念正处于转换阶段，封建余孽正在逐渐被驱除……封建思想在某些人脑子里还存在，还冲不出来。我们都是年轻人，谁不追求幸福，谁不渴望幸福？"他越说越有劲，什么妻子不是丈夫的点缀，应该是知音，什么三从四德的时代已经过去了……众人也受到感染，纷纷站起来与刘海粟一唱一和。

他这一句"封建思想在某些人脑子里还存在"明显是指在王赓脑子里存在嘛，听得人如何还坐得住，你不离婚，你拉着小曼就是脑子里有封建残余。王赓却没有恼，站起来自己倒了一杯酒，对大家说："愿我们都为自己创造幸福，并且为别人幸福干杯。"然后不失风度地先走一步了。有些人说王赓被说动了，他在思索自己的错误、自己的封建，但我总觉得这句话有赌气和讽刺的意味，你们都寻求自己的幸福去吧，我祝贺你们，赞成你们，但别来烦我。

王赓当然知道这"功德林宴"是专门为他设的，但是不能意气用事，他在思考。在他思考的空当里，潜伏着山雨欲来的压抑。

失意的人

两个月以来，王赓只想用工作驱除自己内心的伤痛，可是，仍旧焦躁地无法定下心来，看着小曼的疯狂，他终于决定离婚。似乎所有的人都在等这个消息，等得有些心灰意冷。一天晚上，他忽然叫住小曼说："小曼，我想了很久很久，既然你跟我一起生活感到没有乐趣，既然我不能给你你所希冀的那种生活，那么，我们只有分开。宴会后的这两个月里，我一直在考虑，我感觉到我还是爱你的，同时我也在给你一个时间考虑，你觉得你和志摩是否真的相配？"隔了一会儿，他看小曼不言语，就说，"看来，你心意已定，那么，我也不再阻拦。"

小曼的心忽然乱了，她所渴望的结果已经摆在面前，想说话却不知道说什么好。

王赓接着说："其实我很自私，说封建思想也可以，我一直以为，你既然成了我的妻子就应该听我的。但这两个月里，我想通了，既然你的心已经不属于我了，我强留着你又有什么意思呢？"

小曼哭了。即使没有爱，也还有恩情。想起他对自己的种种好处，她不是没有进心里过，只是他的态度不好……

"你别哭，我是爱你的，但我平时对你不够关心，这也是性格所决定的。你和志摩都是艺术型的人物，一定能意气相投，我祝福你和志摩以后能得到幸福。"

记得一首歌里这样唱："看着你背影模糊，你的微笑早已失去了温度。其实心里最清楚，再也无法为你付出。已经走到这一步，我想我们真的已经迷了路。终点永远到不了，最后只好举手认输。祝你幸福，除此以外，我还能送你什么礼物。"除了放手和祝福之外，王赓没有什么可以给予小曼了。

爱情的悲剧性会影响事业，甚至会毁掉一个人。

有人说："陆小曼迫切地希望与徐志摩结婚，结果，葬送了她的第一个丈夫王赓的终生幸福。"看王赓的一生，是悲剧性的。不知道是不是连锁反应，人若不顺，事事不顺，从离婚始，他一直在走下坡路，意气风发的日子一去不返。

当他接到离婚协议的时候，正在狱中。当时王赓代表北洋军阀到上海购买军火，对方是白俄，他将购买军火的款项交给这个白俄后，这个白俄却携款失踪，北洋政府来上海查办此事，所以将王赓关押起来。拿着离婚协议，他在监狱里签了字，可想彼时心境如何凄惨。

王赓仕途不顺，也无意于感情的事。一种说法是：离开陆小曼之后，王赓再也没有娶亲，终生无后，1942年死于埃及开罗。还有一种说法是：很多年以后，经人介绍，他娶了一个比自己小三十多岁的广东陈姓女子，两人感情平淡，并无多少语言，他工作，她就在一边安静地做针线。他们生有一子一女，他死后，陈姓女子改嫁，孩子由弟弟王序抚养。

除却巫山不是云，或者只是婚姻的失败让他心灰意冷。我一直认为，爱是以懂得为前提的，盲目的爱只是一种自恋；爱是细节处见真章，聪明的蓉儿知道谁是对她真好，但是小曼感觉不到丈夫的爱。蓉儿喜欢靖哥哥，是只要对我好就行了，有时候女人所需要的仅仅是你吃到包子好吃，立马想到给她多买几个带回来，心的位置就那么大，你给她多少位置，就代表你有多爱她，女人的感觉都是很灵敏的。王赓迟钝得连郭靖都不如，还是，他对她并没有多少心呢？这很容易让多愁善感的女人起疑。

不是不爱，是不懂得爱。他的生活在别处，他的世界在疆场，犹如端庄的城，枯燥乏味，浪漫文艺的小曼如何受得了？王赓是一个好人，但不是一个好的爱人，他不是小曼的牺牲品，而是自己性格的牺牲品。有些女人生来是追求爱情的，有些只要获得生活的安稳，王赓应该选择后者，当他自己都不知道自己想要什么的时候，就结婚了，一半是习俗制度的错，一半要归咎于他自己。

1942年，第二次世界大战爆发期间，中国国民政府派遣一个军事代表团到美国访问。在途中，王赓突然肾病发作，就医于埃及开罗盟军医院，可惜一病不起，去世后葬于二次世界大战外籍兵团公墓，墓碑上写着：鞠躬尽瘁。那年他四十七岁。

母校普林斯顿大学对他的评价很高："王赓的一生是诚实、正直和爱国的。他给西点带来荣誉。1915年的同窗就知道这是确实的，而且关于他还应有更多的话可以说。他确实是1915级可以引以为骄傲的一员。"

他是一个合格的军人。在人生的舞台上，每个人都有自己能演好的角色。他这种人豪迈，也往往意气用事，越意气就越把对方推远。

小曼摆脱他像摆脱瘟疫，她与王赓即将办理离婚手续的时候，已经怀上王赓的骨肉。双方家长都希望她把孩子生下来再说，可是，陆小曼怕生下孩子就离不成婚了，好不容易要与志摩在一起，她要去堕胎——在那个时代，堕胎是闻所未闻，是罪大恶极。小曼为了自己的爱情已是不管不顾了。

王赓最终表现了他的军人风范。

离婚后有人问他：为何能这么洒脱地把陆小曼让了出去而似乎毫无牵挂？他苦笑着回答："爱情是人类最崇高的感情活动，真正的爱情是应以利他为目的的，只讲无私奉献，不求索取。既爱其人，便应以对方的幸福为幸福。我是爱小曼的，既然她认为和我离开后能觅得更充分的幸福，那么，我又何乐而不为？又何必为此耿耿于怀呢？"虽已大彻大悟，却难免伤感，他外在的强悍让他无法准确地把内心的酸楚表达出来，怎么看都有些悲壮。

他还对徐志摩说："我们大家是知识分子，我纵和小曼离了婚，内心并没有什么成见；可是你此后对她务必始终如一，如果你三心二意，给我知道，我定会以激烈手段相对的。"这句话不由人不流下眼泪来。这是大爱，是慈悲。而女人想要的，往往是小情小爱，是常人的疼惜，甚至是依赖和占有，而非佛家的慈悲。

小曼说："其实我不羡富贵，也不慕荣华，我只要一个安乐的家庭、如心的伴侣，谁知连这一点要求都不能得到，只落得终日里孤孤单单的，有话没人能讲，每天只是强颜欢笑地在人群里混。"难道这一点要求过分吗？没有人应该遭到指责。若说是天意弄人有推脱责任的嫌疑，现代人开始把矛头指向封建礼教。巴尔扎克说："这种排除了爱情的（婚姻）制度必然导致女性去通奸，他劝告丈夫严加看管妻子，如果他想避免名誉受损的可笑场面的话，必须不让女人受教育和有文化，必须禁止她去做一切能让她发展个性的事。"不知道这是不是反讽，或者反推，不过现代人对小曼更多了一些理解，认为她才是至情至性的女子。

第二章 | 似水流年唤风华

忠厚柔艳如小曼，热情诚挚如志摩，遇合到一起，自然要发放火花，哪里还顾得到纲常伦教，顾得到宗法家风。当这事情正在北京的交际社会里成话柄的时候，自己就佩服志摩的纯真和小曼的勇敢，到了无以复加。

——郁达夫评陆小曼与徐志摩

同是女子

徐志摩,浙江海宁硖石人,生于1897年1月15日,比陆小曼大六岁。曾就读于北京大学,之后留学英美,就读于美国克拉克大学、伦敦大学政治经济学院、剑桥大学皇家学院。历任北京大学、光华大学、大夏大学、南京中央大学等校教授,并参与主编《诗刊》《新月》等刊物,是我国著名诗人,也是"新月派"代表人物。

1915年12月,徐志摩奉父母之命与张幼仪结婚。还是在两年前,徐志摩在杭州府中读书,张幼仪的四哥张嘉敖时任浙江都督秘书,在视察该校时看到一篇文章《论小说与社会之关系》,文章很有梁启超的风格,他一打听,原来是海宁硖石商会会长徐申如之子,便牵线搭桥,徐申如一听是张嘉敖的妹妹,马上就答应了。这是一场政治与商业的联姻,双方都有好处,唯独苦了戏中人。张幼仪看过徐志摩的照片后没有发表异议,印象不差,但是徐志摩一看张幼仪的照片,立刻撇着嘴说:"乡下土包子。"但他为了满足父亲的欣喜,还是顺从了父母之命。

这两个人也像王赓与小曼一样,婚后问题就暴露出来,两人兴趣爱好迥异,没有共同语言,张幼仪口述《小脚与西服》里说:"(徐志摩)除了履行最基本的婚姻义务之外,对我不理不睬。就连履行婚姻义务这种事,他也只是遵从父母抱孙子的愿望罢了。"

张幼仪是个贤惠、严肃的女人,在管家上富有手段,有主见,有能力,言谈举止间很有一些男子气,但是却没有吸引男人的魅力,尤其是徐志摩这样的浪漫诗人,她更满足不了他的幻想,他心目中的女神应该是美丽、纯洁、天真、活泼的。1920年,这理想中的女子竟然出现了,她就是林徽因。

如果一个人并不是真心喜欢你,万不可侥幸结婚,结婚越来越成为一道草率的门槛,不要以为迈过去就万事大吉了,你忍耐、付出、企图感动的永远只是一块石头。尤其是舞文弄墨的人,最懂得为自己那颗"心",徐志摩对张幼仪像陆小曼对王赓如出一辙的"狠心肠",倒没有怎么遭人唾骂。诗人总是容易被人原谅的,艺术家总有冷酷自私的特权。

张幼仪苦闷、悲伤,写信给二哥张君劢,说徐志摩要离婚。张君劢回信第一句话不是同情安慰自己的妹妹,却是"张家失志摩之痛,如丧考妣"。似乎徐志摩不是张幼仪的,而是他们张家的,八弟张禹九也说:"徐志摩以他的才华带给张家极大的光荣。"婚姻是两个家族的事,与当事人无关,如此本末倒置才造成悲剧,而局中人却从来不醒。在侄孙女张邦梅写《小脚与西服》时,张禹九不忘叮嘱她,"对徐志摩仁慈一点"。他觉得他应该被写坏的,所以他怕他被写坏了。

徐志摩是被重视被宠爱到极致了。即使张幼仪在离婚后,还为他做了两件大事:一是促成台湾版《徐志摩全集》出版;二是让侄孙女张邦梅根据自己的口述出版了英文版《小脚与西服》。大概这就是爱吧，契合了王赓那句话，爱是无私的，是利他主义的。张爱玲也有一句名言：我爱你，与你无关。可见爱之博大而喜欢之自私。你可以爱上一个满身缺点的人，却无法喜欢他。不知道这是爱的盲目性还是包容性，总觉得在"爱"中的人都很傻。

《小脚与西服》中有一段关于爱的探讨：

> 你总是问我，我爱不爱徐志摩。你晓得我没有办法回答这个问题。我对这个问题很迷惑，因为每个人总是告诉我，我为徐志摩做了这么多事，我一定是爱他的。可是，我没办法说什么叫爱，我这辈子没跟什么人说过"我爱你"。如果照顾徐志摩和他的家人叫作爱的话，那我大概是爱他的吧。在他一生当中遇到的几个女人里，说不定我最爱他。

她最爱他，她以此为荣。

说得也是，陆小曼让他尝尽生存之苦，林徽因又让他品尽相思之苦。只有张幼仪，没有给他惹什么麻烦，说结婚就结婚，说离婚就离婚，全顺着他的意，一个人照顾他们的儿子徐积锴，一个人承担失子之痛。

王赓那里是悲壮，在张幼仪这里，未免有些凄凉。她却甘愿在这种凄凉里沉沦。没有人有资格白白获得你的一生，你不需要为任何人守活寡，那标签、牌坊都是给外人看的，有一天，你会后悔，觉得自己没有活过。何必跟自己过不去，单为了赌那一口气！我一直坚持，爱是以被爱为前提的，否则便是盲目，便是自我践踏。

1953年，张幼仪到香港定居，与同住一楼的医师苏季子结婚。1974年苏季子去世，幼仪迁往美国与儿子共同生活。1988年，以八十八岁高龄在美国纽约去世。

其中可以发现一个有趣的问题，与徐志摩关系深的三个女人中，只有张幼仪是长寿的，也可见出情深不寿的道理。

林徽因无疑是最"多情"的一个。

当年徐志摩狂热地追求林，但等徐离婚后，她却不辞而别，同父亲回国，与梁思成订了婚。据说是，林大小姐玩了一个游戏，说：你们都喜欢我，为了见出真心，不许坐车，去买一袋苹果，谁先回来谁就是对我最好。结果梁思成骑着一辆自行车拼命往山下跑，被小汽车撞了，导致脚骨断裂，林徽因因内疚和感其真诚，与之结婚。

这样的游戏不止玩过一次，林徽因随未婚夫去了美国，有一天徐志摩接到她的电报："我在国外一个人生活很苦闷，希望你能给我写写信，对我也是一种安慰、一种温暖。"徐志摩大喜，随即写了一封情意绵绵的长信，哪知电报局的人笑着说："先生，我今天已经收到四份发给这位黛徽丝的电稿了，你是第五个了。"徐志摩不相信，电报员便拿出另外四份，志摩一看，都是留美的四个老同学，他非常生气，当即去找张歆海，张歆海一看徐志摩收到的林徽因的电报，和自己那份一模一样。两人又找到另外三人，都是一个稿子，忽然发现被人耍，五人大怒，一起给林徽因去电，把林骂了一顿。

也从此，徐志摩对林徽因心灰意冷。

有些人觉得这是杜撰，以林徽因的性情和修养不会做出这样的事，但陆小曼生前从未发表过的很私密的日记中有过这样一段记载：

> 那天同叔华谈天，我们说的是他（张歆海），我因为气极了我就告诉了她打电报的事情，叔华答应我不讲给旁人听的，哪知道她同通伯说了。通伯不知同谁说了，他们就问歆海，他就气得要命，来找着我啦。我后来讲给他听，我说："她那要拿你们玩儿你们还想瞒人么，这在你们脸上虽没有多大羞，说说出来亦好让人知道她

是怎么样的人,到这时候还要这样的办么?"歆海说他倒不痴,他可怜你(徐志摩)太痴,他接信的时候他早就知道别人亦有的。所以他在电报局里知道你亦打了他并不惊奇,是在他意料中的。他知道你一定以为是你一个人有的,所以他才告诉你,他是希望你不要再迷下去。(《小曼日记》稿本,1925年3月20日)

可见这件事情并非空穴来风。小曼经常拿出这事来取笑徐志摩,虽说是取笑,心里也有痛苦,自己的男人曾被别的女人耍弄,那自己不也成了耻辱的对象?托尔斯泰的小说中,基蒂拒绝了列文,弗龙斯基拒绝了基蒂,而基蒂最终又走向列文。尽管她对弗龙斯基只是一时盲目的感情,尽管她对列文一心一意,但这成为列文心里的一根刺,因为无意间他被压低在弗龙斯基之下,他被一种无形的力量置于耻辱之下,弗龙斯基没有说过什么,他却觉得自己被他轻视了,但现在这无法表达的耻辱堵在心里,在爱钻牛角尖的人心里,漫延长存。

这件事也为志摩与小曼的婚姻生活埋下隐患。

不纯粹的男人,见了美女,也不管是谁就变得痴呆了,这是中国男人的通病。所以也该被有着天生优势的女子耍一耍。既生了瑜又生了亮,连徐志摩都忍不住心猿意马,小曼只得苦笑,最多不过是打趣他几句。明明是爱着人家的美貌,却偏要说"我爱你的才华",这样的口是心非跌煞人眼。心理断层,让才女凄惨,美女薄命。记得有一本书《雨鬓风鬟》对男人这种通病做了有趣的总结,中国男人对女人就一个"狎"字。

"狎"这个字眼是微妙的,它和单纯的玩弄不同,它近乎于"玩味",其中既有亲密也有轻蔑,也不排除欣赏和赞美。说到底,"狎"的第一要义是"色",无论是美貌也好,还是李渔所强调的女人那种从骨头里透出来的风流妩媚也好，总之是赏心悦目的。以前的女人大约除了色便一无所有，才对于女子来说本来就是累赘，这是再明白不过的道理："女子无才便是德。"而诸如贤惠、贞洁都是点缀。如果是个绝丑的女子，大约就由她自生自灭……男人也都是爱漂亮女子，但是至少现代的男人，会以"犹抱琵琶半遮面"的态度去处理这个弱点，或者说特点。总之，没有人直言不讳地说自己好色甚于好德了。

而中国女人拼了命要一个"懂"字，却如水中捞月，每每空忙，美女认了，才女疯了，糟糠之妻崩溃了……

那是初见

徐志摩的心无处投递的时候，小曼出现了。她正符合他的审美需求：飘逸、多变、浓情，她真，她美，志摩形容她说："一双眼睛也在说话，眼光里漾起，心泉的秘密。"

而此时的小曼也是一个不快乐的人，一个失意者。

在我们初次见面的时候（说来也十年多了），我是早已奉了父母之命媒妁之言同别人结婚了，虽然当时也痴长了十几岁的年龄，可是性灵的迷糊竟和稚童一般。婚后一年多才稍懂人事，明白两性的结合不是可以随便听凭别人安排的，在性情与思想上不能相谋而勉强结合是人世间最痛苦的一件事。当时因为家庭间不能得着安慰，我就改变了常态，埋没了自己的意志，葬身在热闹生活中去忘记我内心的痛苦。又因为我娇慢的天性不允许我吐露真情,于是直着脖子在人面前唱戏似的唱着,绝对不肯让一个人知道我是一个失意者,是一个不快乐的人……

那是1924年夏天,辉煌而灿烂的交际场所,爵士音乐一起,徐志摩与陆小曼因偶然的邂逅步入舞池。此时的灯光与音乐配合,也是幽幽的,难免让人心生遐想。两人都是跳舞的高手,舞姿优美,步伐稳健,跳过一圈又一圈,渐渐地成了舞池的中心、观众注目的焦点,舞池里其他人顿时显得"六宫粉黛无颜色"。"他们两个,一个是窈窕淑女,情意绵绵;一个是江南才子,风度翩翩;一个是朵含露玫瑰,一个是首抒情的新诗。"正如金风玉露一相逢,怎能不迸发出爱的火花?恋爱的感觉,就如舞步的旋转,近乎晕眩。

像过山车,爱情来得快而凶猛。王赓的疏忽更像锦上添花,"让志摩陪你去玩吧"的"支持"载着两个情窦渐开的人一路滑翔。

心生爱慕,但始终未能明言。直到有一次,他们参加一场义务演戏,其中一出叫《春香闹学》,志摩演老学究,小曼演丫鬟春香,剧完情生,志摩从海拉尔寄回一首诗《春的投生》,纪念"初度尖锐的观感"。"你不觉得我的手臂,更迫切地要求你的腰身",透露着甜蜜的心醉。从此,他便将对小曼的感觉铭记在心,那感觉是——"今晚在真光我问你记否去年第一次在剧院觉得你鬓发擦着我的脸",像痞子蔡的"第一次亲密接触",永志不忘了。

徐志摩虽然单身,但陆小曼是有夫之妇,出来需要找些借口才行。进入恋爱阶段的约会还是不能明目张胆,"松树七号"成为他们约会的地方。"松树七号"就是松树胡同七号,是黄子美于1925年1月租下并成立的新月社俱乐部，徐志摩和陆小曼都是新月社成员。两人在俱乐部里谈天说地，小曼也是爱好文艺的女子，她景仰志摩的才华，时常向他请教一些文艺上的事，而志摩乐得应答，越谈越多，越说越止不住，没想到两人的共同语言这么多，不由得相见恨晚，小曼的真诚和勇敢也在鼓舞着徐志摩。

徐志摩的表弟蒋复璁曾谈到徐志摩与陆小曼当时恋爱的情景："因为陆小曼参加了新月社，自然和志摩很熟，当时志摩恋林失败，正在此时，小曼予志摩照顾周到，饮食与衣物日常送赠，我那时几乎每日到志摩处，颇觉这位王太太对志摩的照顾有逾友谊。"

在"松树七号"，两人眉目传情，其他人不会没有觉察，但对这对爱侣都持赞同态度。这里多有封建包办婚姻的受害者，自己不能冲出牢笼，看着别人行动也算是一种欣慰。有一次，小曼被母亲管住不能出门，胡适就出面约她到"松树七号"。小曼见了志摩，两人你望着我我望着你，完全忘了旁边的人。胡适一见赶紧识趣地出去了，留他们私语，以诉多日的情愁。《爱眉小札》序中说：

> 这样的生活一直到无意间认识了志摩，叫他那双放射神辉的眼睛照彻了我内心的肺腑，认明了我的隐痛，更用真挚的感情劝我不要再在骗人欺己中偷活，不要自己毁灭前程，他那种倾心相向的真情，才使我的生活转换了方向，而同时也就跌入恋爱了。于是烦恼与痛苦，也跟着一起来。

曾有人说："只有那些能看透你内心秘密的人，才能击碎你所有的防线，开放你紧闭的城池，让他进来，驻守在心田。"徐志摩看到了小曼心底的秘密，小曼索性把心窗打开，让他驻进来。他是她的恋人、知己，她是那池无波的春水，他一来，她平如镜的水面起了皱，这春风，与别个不同。

志摩在 1931 年 7 月 8 日于北平致小曼的信中说:"你又何尝是没有表情的人?你不记得我们的'翡冷翠的一夜'在'松树七号'墙角里亲别的时候?"我爱的人恰好也爱着我,这是多么幸福的事情,可是却要分别,又是怎样的哀愁,很契合诗人的心绪:甜蜜的忧愁……

志摩写诗《翡冷翠的一夜》:

你摸摸我的心,它这下跳得多快;
再摸我的脸,烧得多焦,亏这夜黑
看不见;爱,我气都喘不过来了,
别亲我了;我受不住这烈火似的活……

小曼成了志摩诗情的源泉。他在《爱眉小札》里写道:

我的诗魂的滋养全得靠你,你得抱着我的诗魂像母亲抱着孩子似的,他冷了你得给他穿,他饿了你得喂他食——有你的爱他就不愁爱不怕冻,有你的爱他就有命!

两人恋爱的期间,志摩留下很多脍炙人口的诗:《起造一座墙》《雪花的快乐》《春的投生》……

想到王赓的呆板、无味,志摩的温柔与浪漫更显珍贵,他的风度翩翩,他的诗情画意,他的能读懂小曼深沉的内心里的痛苦……"哦,这才是我心目中理想的伴侣啊。"可是却在错的时间里相遇,她又起了无限的哀愁。

多年后,徐志摩的朋友郁达夫在《怀四十岁的志摩》一文中说:

忠厚柔艳如小曼,热情诚挚如志摩,遇合到一起,自然要发放火花，烧成了一片，哪里还顾得到纲常伦教，更哪里还顾得到宗法家风？当这事情正在北京的交际社会里成话柄的时候，我就佩服志摩的纯真和小曼的勇敢，到了无以复加。

郁达夫把小曼比喻为"一位震动了上世纪二十年代中国文艺界的普罗米修斯"。

虽然胡适、刘海粟、郁达夫等几个朋友赞同他们的事，但那还是一个"三从四德""嫁鸡随鸡"的时代。陆小曼与丈夫的不和大家略有耳闻，一些知名人士都想和她接近，陆小曼又喜欢赶场子，所以经常凑到一块儿玩，如今被徐志摩一人追去了，旁人不由得心里发酸，要泼点冷水以发泄心中不快。刘海粟在文章中回忆说："陆小曼离开王赓改嫁徐志摩后，当年在北京把她捧为天人，以一睹芳颜为快的名人雅士们，立即变成武士和猛士，对小曼大加挞伐。好像当年卓文君不嫁给别人而嫁给司马相如，这些'别人'们就大骂文君'私奔'和'淫奔'，诋毁她当垆卖酒等于卖笑和卖身。"

人心唯危，只随他们一时高兴，可以把你捧上天，也可以把你拉入地狱。陆小曼与徐志摩的恋情在北平引起了巨大风波，连老师梁启超也批评徐志摩，不该把一个人的幸福建立在别人的痛苦之上，更对小曼横加指责，认为小曼轻薄放荡配不上志摩，却不想想他朝三暮四的爱徒徐志摩就能配得上小曼？梁老夫子在这里未免太封建。幸好徐、陆两人一起面对外界的压力，倒把他们拉得更近了，志摩与小曼的心被外力逼仄到一起，拧成一股力量。所以说，两个内部出现问题的情侣可以一起去旅行，在种种琐事上一致对外，他们会重新联结在一起。当然，如果是原则性的问题，也会因此彻底分开，这倒也不失为一块试金石。

离别在即

徐志摩与陆小曼的力量到底能否斗过得整个世界？北京的名流排斥、非议，之前被捧为天人的小曼如今成了文人雅士唾沫星子里的细菌，成了"淫奔""卖笑"的卓文君。送到耳边的消息也由不得王赓再屹立不动了，他对小曼是冷嘲热讽、粗暴压制。而小曼的父母也开始实施管制，禁止徐、陆见面。

越是禁止的东西越具有诱惑力，往往，受到阻碍的爱情更加璀璨夺目。

徐志摩带着从外国买的高级礼物来了，陆母冷着一张脸，把他骂一顿，不让小曼出来见；志摩悄悄地让丫鬟帮忙捎进去，丫鬟却把香水留下，把情书递给了吴曼华。两人不能见面，连通信也困难。志摩没办法，只好多邀几个朋友同去，还让胡适做说客，但都没用。王赓是吴曼华亲选的女婿，一百二十个喜欢，小曼是她的宝贝女儿，本来日子平平静静，徐志摩却插进来搅和，弄得一家人鸡犬不宁，心神不定。徐志摩的频频登门让吴曼华又气又怕，气的是他的没完没了，让人心烦，怕的是他的叛逆带来世俗的压力。

世俗的压力也波及做母亲的。吴曼华带着小曼去做客，亲戚的话是暗含讥讽，夹枪带棒，小曼几乎招架不住，而母亲只是低着头，见不得人面。

果是一荣俱荣，一损俱损。小曼的不羁让母亲这张老脸没处搁，也难怪吴曼华是来自他们之间最大的阻力。中国的婚姻从来不是单纯的两个人的事，总是牵扯到双方两大家族，七大姑八大姨各有各的意见，各有各的尖酸。

在徐志摩这边，父亲徐申如没了张幼仪这个儿媳妇，就开始看好凌叔华，看着志摩一边读信一边忍不住偷乐，还以为是凌叔华寄来的。志摩知道父亲喜欢叔华，就故意把信递上去，刚好王赓也在，只见王赓看完信掉头就走了，志摩回头一看才明白自己闯了大祸，枕头下凌叔华的信还在，他递上去的是小曼的信。

似乎有无巧不成书的味道，王赓自己把小曼送给志摩，志摩又亲手把小曼写给自己的"情书"交到王赓手上，世间事，太滑稽，每一个巧合都成为一个破裂的缺口。原本可以摇摇欲坠地维持，温吞吞，死沉沉，日子就这样温水煮青蛙般地熬着，裂纹像经年艺术品上的点缀，却偏偏来这么一击，仿佛是上天看不惯这种虚伪，跟人类开个玩笑。真相摆在面前，王赓见了小曼，又是一场争吵。

此时已是满城风雨，风刀霜剑严相逼，徐志摩与陆小曼有些顶不住外界的压力了。恰巧，徐志摩的老朋友泰戈尔病重，其助理恩厚之来信请志摩去意大利。想起泰戈尔访华期间，自己做他的翻译度过了很愉快的一段时光，之后两人约定同游欧洲——拿着泰戈尔的信，志摩很激动，但是现在正与小曼在热恋中，又难舍难分，处在一日不见如隔三秋的状态，就去找小曼商量。两人都怕难熬相思之苦，小曼思量再三，还是支持他出国游历。她说："我不应该妨碍你的前途，你这次出去游历，和大诗人泰戈尔会面，肯定会对你的视野和才艺有极大的促进，再说，现在的环境，我们也可以试试，彼此分开，是不是还想对方，或者把对方忘了。"

小曼的话对志摩是一种鼓动，他觉得她说得有理，这也算是对两人关系的一个考验。

他怕她在家里太苦，心里有话没处说，就很快写信给小曼，"有一件事不知你能否做到，如能倒是件有益而且有趣的事，我想要你写信给我，不是平常的写法，我要你当作日记来写，不仅记你的起居等等，并且记你的思想情感——能寄给我当然更好，就是不寄也好，留着等我回来时一总看，先生再批分数，你如其能做到这点意思，那我就高兴而且放心了"。

朋友们也都支持他出国避避风头，换换心情。1925年3月10日，大家在酒楼吃饭为他送行。小曼与王赓都在，当着王赓的面，两人也不好说什么，相视而望，无语凝噎。小曼只是一杯杯不停地喝酒，别人劝她，她借酒道出真话："我不是醉，只是心里难受，心里苦。"

当所有的事情都固定下来，离别就不会那么辛苦。他们之间有被迫分别的意味，山水苍苍，人事茫茫，天意难遂人愿，一颗悬空的心落不了地，这样的分离更增加了酸苦的况味。

第二天，众人去车站送行。徐志摩与朋友们握手告别，临到小曼面前，他几乎掉下泪来。小曼只说："一路顺风。"离别在即，似乎有点再说什么也徒劳的感觉，何况王赓在身旁，她还得强露出笑脸。但是小曼掩饰不住自己的悲伤，回去的路上，王赓语气有些粗暴地对坐在马车里的小曼说："你的眼睛为什么这么红，哭什么？"他的语气让小曼更加委屈，但又不能发作，毕竟是自己理亏，感情出轨不是什么光彩的事，她只好一言不发，靠在车窗上看外面的风景，当然什么也看不进眼。她内心的不安朋友叔华、梦绿都明白，但也不好说什么安慰的话。

回到家里，仿佛生了病般，精神萎靡，再加上她本来身体虚弱多病，更是呆坐不动，对什么都没了兴味。又恰巧这几天格外地寒冷，她想到志摩的洋服膀子又短，大衣亦短，在车上会不会冷，走的时候也没见他戴手套，不知道买了没有……恋爱的人，总是担心对方此刻是不是在想着自己，但真爱了，就会关心起对方来。她坐立难安，拿出志摩临走时写给她的信，才觉得有了些许安慰。第二天，便如志摩交代，写起日记来。

我现在起始写一本日记，实在不能说是什么日记，叫"一个可怜女子的冤诉"吧，我一向心里的忧闷，全放在腹内容它自烂，现在我不拟，为什么不写满在纸上，亦无人看见倒可以稍微让心怀里松一松。

志摩果然贴心，他的这个方法很奏效，每当她写日记时，就仿佛对着他在说话，温暖而踏实。在日记里倾吐浓烈的感情，无遮无掩，对志摩的思念满溢于纸间，终于又有了两个人互通信息的办法。她的信或者说日记很直露，相对来说，志摩的信就含蓄得多了，因为要寄到陆家，有陆母、王赓等人看着，万一撞上，小曼会为难的。志摩就写诗以诉衷情：

> 我捡起一枝肥圆的芦梗，
> 在这秋月下的芦田；
> 我试一试芦笛的新声，
> 在月下的秋雪庵前。
> ……
> 我记起了我生平的惆怅，
> 中怀不禁一阵的凄迷；
> 韵笛中也听出了新来的凄凉——
> 近水间有断续的蛙啼。
> 这时候芦雪在明月下翻舞，
> 我暗地里思量人生的奥妙；
> 我正想谱一折人生的新歌，
> 呵，那芦笛再不成音调！
> ……

歌不成歌，调不成调，有对当下分隔两地的哀怨，也有对美好未来的消极想法。远在天边的游子，开始觉得悲伤。

相思成灾

而家中的小曼呢？

安娜·卡列尼娜是一个追求爱情到极致的典范，她因自己的爱情毁灭了自己，"被点中情穴的人，一生无可救药"。爱情的火烧得这么浓烈，陆小曼也像极了杜丽娘，方生方死。

偏小曼应酬又多，不能一个人静静地待着，独自思念，她的心愈加烦躁。

一会儿寄娘来叫去玩了，一会儿叫打牌了，一会儿新月社叫她去陪外国友人吃饭了，一会儿一些朋友来聊天了……没有心思应酬。王赓又在身边，信也没机会写，志摩的信又来得少，她也不由得猜疑，志摩对自己是否像自己对他一样对等的感情，我在他心里到底有多重的位置，他会尊重我吗？凌叔华说凡为夫妻的没有一个有真情的，我跟志摩到底要不要结为夫妇呢？我跟受庆离婚，对母亲有多大的伤害呢？

吴曼华看着小曼终日唉声叹气，干着急也没办法，就绷起一张脸，冷言冷语地奚落她。4月，小曼虚弱的身体又发了病。徐志摩写信给吴曼华，委婉地希望小曼母亲能支持他们的事，吴曼华看后十分生气，马上就把小曼叫来，把信往她面前一扔。小曼看着志摩的信，忍不住眼泪流下来，志摩的苦心却一点没有打动母亲。

眼看一时半会儿不会有眉目，闷屈的小曼就去西山大觉寺散心。山坡上，阵阵花香扑鼻，雪白的花竟让她误以为是雪，闹了个笑话，她问人家那里的雪怎么还不化，大家笑起来，说果然是城里的大小姐，这都夏天了，哪里来的雪，明明是杏花嘛。走进花海如同进了仙境，小曼陶醉了，左一转右一转仿佛在梦里，觉得自己变了一个人，胸中浊气全被洗去了。在美景中，人总是容易物我相融，灵魂得到升华，把俗世的一切抛在脑后，可见小曼是个热爱大自然的人，是个能够被自然感动的人，却因为身体不好，只能坐在家里看别人的画学画，不然，她笔下的作品会更灵动更具有感染力。这么聪慧的心却不能常到大自然里洗涤，她被囿于社交界娱乐场所，所见所闻都是重复，是浮华，难免耗去灵气。

在西山休养期间，小曼的心情变好了，她看到了希望，幻想着志摩回来，一起到山里隐居，过世外桃源的生活。与爱人在一起，繁华算得了什么，光环算得了什么，别人的仰慕算得了什么，与志摩在一起，一个就够了，她不再寂寞。

然而一回到家，这个梦想就破碎了。王赓要去上海工作，让家属随行，小曼不想去，王赓讽刺道："是舍不得北京还是舍不得什么人？""你在侮辱我！"小曼满面怒容地从床上坐起来。王赓说："你好好想想，这段时间是你在侮辱我，还是我在侮辱你？"王赓抑制已久的怒气终于爆发，说完这句摔门而去，小曼埋在被子里哭起来。

5月21日，在酒店里，一直不痛快的陆小曼又听了几句闲言碎语，她又不好辩白，当即昏过去。朋友把她抬回家，她醒来时心跳得厉害，外国医生克利先生赶到，先给她打了两针，吃了几粒药，才稍稍稳定，又想起白天受的气，越想越气，心跳又加快了。胡适走到她耳边轻声地问："要不要志摩回来？"他知道她是思念志摩所致，小曼却以为自己凶多吉少了，忙问："我是不是要死了？"胡适马上缓和着说："不是，病是不要紧，我怕你想他，所以问一声。"小曼虽想志摩回到她身边来，但又不敢明说，只得摇了摇头。

平生不会相思，才会相思，便害相思。志摩是小曼第一个动了心的人。任是一句话，一点挫折都会惊了她那颗思念成狂的心，她是个能把别人烧着的女子，所以志摩被她点燃了。虽然徐志摩对小曼也是一片热烈，但始终他的心已经被林徽因烧过一次了，再没有那样的热度，他的爱有一点感恩有一点感动有一点失落之后立即填补空白的空虚，所以似乎他的话看起来更多是引诱着她强迫着她做出牺牲。志摩对小曼的爱里更多是占有的成分，自私霸道，像个小孩子，爱极生怨：

> 我只怪嫌你太孩子气，看事情有时不认清亲疏的区别，又太顾虑，缺乏勇气。须知真爱不是罪，在必要时我们得以身殉，与烈士们爱国，宗教家殉道，同是一个意思。你心上还有芥蒂时，还觉得"怕"时，那你的思想就没有完全叫爱染色，你的情没有到晶莹剔透的境界，那就比一块光泽不纯的宝石，价值不能怎样高的。

徐志摩是理想主义者，他把爱情放在人生第一位，他心目中的爱情纯粹、高贵如宝石，所以老师梁启超规劝志摩，说他所追求的是"梦想的神圣世界"，"天下岂有圆满之宇宙"？志摩回答道："我之甘冒世之不韪，竭全力以斗者，非特求免凶惨之苦痛，实求良心之安顿，求人格之确立，求灵魂之救度耳。"

面对外界的阻力，志摩是"竭全力以斗者"，他为鼓起小曼的勇气，在信中说："实在没有一个人明白你，不明白也算了，一班人还来绝对地冤你。啊呸！狗屁的礼教，狗屁的家庭，狗屁的社会，去你们的。"又说，"你现在的选择，一边是苟且暧昧的图生，一边是认真的生活；一边是肮脏的社会，一边是光荣的恋爱；一边是无可理喻的家庭，一边是海阔天空的世界与人生；一边是你的种种习惯，寄妈舅母，各类朋友，一边是我与你的爱"。很有股反封建礼教的叛逆劲儿。

徐志摩在一篇日记里写到自己问小曼："我死了你怎样？"小曼说她也死，接着又说她或许不死，她还有娘，但从此会把自己"关"起来，再不与男人们来往。但徐志摩又想，门关得上，也打得开，想着这些空幻的事物，不由觉得自己灵魂出了窍，渐渐地靠近"慵慵的倚着一个男子肩头款款舞踏着的那位女郎"。像唐璜夜里靠近披着黑披风幽灵般的弗芝·甫尔克公爵夫人。真是诗人，连幻想都这么美丽完整。

相思的煎熬让时间变慢，志摩数着时间：

  1 点 55 分——天呀！
  2 点 5 分——我的灵魂里的血一滴滴的在那里掉……
  2 点 18 分——疯了！
  2 点 50 分——静极了。
  3 点 25 分——火都没了！
  3 点 40 分——心茫然了！

徐志摩是酷爱用感叹号的诗人！

她是他的诗魂，像画家的模特。他爱她所给予他的。诗人就是这样，看不清自己的内心，他所爱着的总是他自己的那一部分，他的热情是针对自己情绪本身。

有一次，克利医生看小曼心跳过快，天一亮就把她送进了协和医院，还说了许多安慰的话。他说你再不安心、胡思乱想的话，再接连地跳一天一夜就没命了。天下的事全凭人力去争取的，你若先失了性命，你自己先失败。克利医生做了回心理医生，这些话倒让小曼定下心来。

志摩畅游欧洲，又想拜访一些名人，一时回不了国，但对小曼非常思念，就写信希望胡适能带小曼出国。他在信中说："我上封信要你跟 W 来欧，你仔细想过没有？这是你一生的一个大关键。""你决定的日子就是我们成功的日子。"

"大关键""成功"，热切的催促，摆出美好前景的鼓励，这是要"私奔"

么？小曼同志摩一样地热诚，一样地充满勇气，私奔就私奔，可是无奈身体差，又被管得严。她病弱的翅膀撑不起自己那片天空，她等着志摩来解救，怨他迟迟不归。

再不回来就来不及了。小曼在心里呼唤着。

王赓应孙传芳之请去上海出任参谋长。7月中旬，王赓从上海寄信来催，要娘带小曼马上去上海。小曼给志摩写了信，让他快点回来，自己这边先拖着不去。娘逼她去，亲戚也都站在娘一边，连她一向敬重的父亲也说："以前我从来不逼你做什么，但这一次你要听你娘的话……这次你得去，要是王赓再有对你不好的事，再无理取闹，自有我们出面和他讲，决不食言。到时候你可以有自由选择的权利。"

小曼霎时觉得什么希望都没有了，突然心跳加快，又晕了过去。醒来后她对母亲说她是坚决不去的，再逼她她就准备去死。她娘也急了："好啊，要死一家人一块儿死。"小曼甩头往外走，家人还真以为她要去寻短见，就忙拉住她："要是你离了婚，要我们的脸往哪儿搁啊。"吴曼华苦苦哀求，看着父母的眼泪，小曼心软了，生养自己的父母已经上了年纪，若是有个三长两短——她还是牺牲自己吧。她在日记中写道："我只能忍痛地走——走到天涯地角去了。不过——你不要难受，只要记住，走的不是我，我还是日夜在你心边呢！我只是一个人，一颗热腾腾的心还留在此地等——"此时的小曼真是失魂落魄，心身分了家。

然而她还是毅然决然地给志摩发了一封电报："希望两星期中飞到，你我做一个最后的永诀。"生死关头，勇气会突然冒出来，娇柔的小曼丢开先前的情意绵绵，口气利落而坚决。这是两个人的事，却让我一个人承担，你在外面逍遥自在，我却用生命抵挡。现在我"命令"你，立即回来。

浪漫出逃

1925年7月下旬，接到陆小曼的急电，徐志摩回到北京。

徐志摩与陆小曼没有单独见面的机会，在聚会上碰到两次，小曼也不敢与志摩接近，好多双眼睛在看着她呢。有一次在舞会上，志摩眼望着小曼跟别人跳舞，一圈又一圈，却不敢理他，他如坐针毡，实在忍不住了，上前邀请小曼跳舞，小曼乘机勇敢地接受了他的邀请。这次事件志摩写在日记里："今晚与你跳的那一个舞，在我最 enjoy 不过了，我觉得从没有经验过那样浓艳的趣味——你要知道你偶尔唤我时我的心身都化了。"

小曼趁别人不注意把她的日记交给志摩，志摩看后在日记末页写道："我看着这日记，眼里湿润了好几回，真是无价的，爱，你把你的心这样不含糊吐露，我实在是万分感动。"

真是无价的，志摩懂得，他最爱的也就是她这份真吧，不像某些人，云遮雾罩，任你猜来猜去费尽心神，也猜不透她的内心，弄不好就被耍弄了。真爱你的人怎么舍得你受这样的苦，她看到你稍有失落便恨不得把心掏出来让你安放，志摩是忠厚的人，他看到小曼的心就感动了，双倍地偿还。可是有时候，有些人，过早地剖明心迹，恰是中了对方的诡计，当有一天他想走的时候会说：我从未说过喜欢你的话哦。他只是放一把钩子，钩出你的温言软语和浩浩忧愁，不负责任地享受。更有甚者，在嘲笑这个"真"。有时候，我们只是珍惜感情，却被某些人认为是践踏自尊。所以，明明白白的爱情演变成了迂回战术，乃至战争。像范柳原说的：那时候太忙着谈恋爱了，哪里还有工夫恋爱？

徐志摩和陆小曼是真的恋爱了，"谈"得虚虚套套都略过，唯其真诚，才能速成。终于有一个机会，胡适安排他们一起去北海游玩。相拥诉衷肠，半年来郁结于心的苦和泪得以缓解。小曼又问起那个法国女人的事——先前她听一个从法国回来的人说志摩与一个法国胖女人同居了，写信质问志摩，志摩已经解释过，但现在她又问起——"你真的和外国的一个胖女人住在一起吗？"志摩回答："亏你相信这种鬼话。我徐志摩在巴黎和一个女人同居！我不怪造谣的人，我要怪你。别人不了解我，你还不了解我吗？"

"那他们说得这样活灵活现，又是刚从法国回来，不由得我不信。"

"你想想，我去欧洲总共四个多月时间，就写给你几十封信，每一封信都是按照西方人的习惯用蓝信纸，表示情爱。在欧洲，我总是心不在焉，胃口也一直不好。张幼仪曾开玩笑地对我说：'你到欧洲来只带来一双腿，嘴和心都留在北京了！'"

听了这个小幽默，小曼撒娇似的说："你就会贫嘴！"

志摩笑着说："那你不要无端怀疑人好么？其实我知道正是因为你爱我，才对这件无中生有的事如此在意。"

热恋中的人，经不起风吹草动，总是捕风捉影，却又连接得结实，闹归闹，倒不至于就分手，只是非要问个明白不可。志摩是痴心的人，没有心情左顾右盼，他的话应该是实话。只是，在大多数时候，女人紧紧追问，男人振振有词，大多是谎言，但也能让女人心安，口问心，心问口，就这么顺溜了。下次还是一样，再有一个轮回。好像一个消耗时间的游戏，并不好玩，却百玩不厌，反之换成男人，亦然。

志摩说："告诉你一个好消息，胡适看了你写的日记，直夸你说：'小曼的文笔已有了散文大家徐志摩的神韵了！'"

陆小曼责怪地说："你怎么把我的日记给他看呢？我是给你一个人看的，万一传出去，我可要羞死了。"

"适之是我们的红娘，不要把他当外人，我们的事要成功，还得靠他呢！"

回到现实中，道阻且长，小曼不由得叹气。志摩安慰说："老师梁任公以前批评我的时候，我说：'我将于茫茫人海中访我唯一灵魂之伴侣；得之，我幸，不得，我命。'小曼，我今天得到了，我只要你，有你我就忘却一切，我什么也不想，什么也不要了，因为我什么都有了。"听了这话小曼的病去了大半，仿佛宝玉让林妹妹放了心。志摩真是个贴心的男友，或者恋爱之初男人都这么贴心，直到得到你以后，才开始粗心起来。你若抱怨，他便说我就这脾气，大大咧咧你别见怪，或者直接说，我就是这样的人你才发现啊，毛病还多着呢，以后你慢慢见识。

志摩却是婚后也那么黏，如歌里唱的，"爱那么绵那么黏，管命运设定要谁离别，海岸线越让人流连，总是美得越蜿蜒……深情一眼挚爱万年……"别人都是独自静静地写作，志摩却越是小曼在身边越有灵感，他自己的书桌不用，偏跑到她那乱糟糟的桌上去写。以懂得作为前提产生的爱，不会厌倦。

记得以前有一个人对我说：你读那么多书，一直在成长，我们一直有新的话题，不会厌倦，我不会厌倦你的。后来，他又说：我这个人容易厌倦，我也没办法。我——笑了！

懂得，是一种很难得的感情，比爱、喜欢、痴恋都来得珍贵，不置一言，互相明了，或者你只说一半，对方就想到了另一半，因确信而踏实，那感觉如沐春风细雨，舒服而不黏滞。所以古人说：人生得一知己足矣。张爱玲说：因为懂得，所以慈悲。她以为是互相懂得，胡兰成却对她并不慈悲。往往，世间懂得不过是自以为懂得罢了。人生总是很讽刺。

他们见面仍旧很难，吴曼华像铁面无私的门神，挡着徐志摩的来路，志摩就打些钱给门公，而小曼的信也时常被丫鬟没收，她只得半夜写好英文信，自己偷偷地去寄。志摩对小曼娘颇有微词，他在日记里抱怨："我真想与你与你们一家人形迹上完全绝交，能躲避处躲避，免不了见面时也只随便敷衍，我恨你的娘刺骨,要不为你爱我,我要叫她认识我的厉害!等着吧,总有一天要报复的!唉,我一想起你那专暴淫蛮的娘!"捋捋袖子想叫小曼娘知道他的厉害,却发现自己躺在床上看着明月光,愤怒陡然走了调子,化成一片相思泪:

我来扬子江边买一把莲蓬,
手剥一层层莲衣,
看江鸥在眼前飞,
忍含着一眼悲泪——
我想着你,我想着你,啊小龙!
我尝一尝莲瓢,回味曾经的温存——
那阶前不卷的重帘,
掩护着同心的欢恋:
我又听着你的盟言,
"永远是你的,我的身体,我的灵魂。"
我尝一尝莲心,我的心比莲心苦,
我长夜里怔忡,
挣不开的噩梦,
谁知我的苦痛?
你害了我,爱,这日子叫我如何过?
但我不能责你负,我不忍猜你变,
我心肠只是一片柔:
你是我的!我依旧
将你紧紧的抱搂——
除非是天翻——

但谁能想象那一天？

志摩说：一切人的生活都是说谎打底的。志摩，你这个痴子妄想拿真去代谎，结果你自己轮着双层的大谎。他的真可见一斑，是不是诗人都是这副模样，还有顾城，天真得让你心疼，幼稚得让你发笑。

志摩是不达目的不罢休，小曼却每有退缩，他就时时鼓励加催促，在《爱眉小札》里说：

眉……你一生最重要的交关已经到门了，你再不可含糊，你再不可因循。你成人的机会到了，真的到了。他（指王赓）已经把你看作泼水难收当着生客们的面尽量羞辱你；你再没有志气，也不该犹豫了……

他还写了一首诗，以表明心迹，这首《起造一座墙》犹如歃血盟誓，铮铮如金石声。

我要你的爱有纯钢似的强，
在这流动的生里起造一座墙；
任凭秋风吹尽满园的黄叶，
任凭白蚁蛀烂千年的画壁；
就使有一天霹雳震翻了宇宙——
也震不翻你我"爱墙"内的自由！

再怎样"纯钢似的强"，徐志摩还是被吴曼华骂出来了，胡适做说客也无功而返。

眼看一时不会有结果，志摩就去了上海，去看望在上海张园居住的父母。没多久，陆小曼受王赓催促也去了上海。小曼母女刚一下车，就看到徐志摩早已在车站上等她们。吴曼华如避瘟神，拉着小曼就走，小曼回头画了一个"蜘蛛网"形状的东西，志摩一时没有领会，这次会面徒增烦恼。

盘桓几日，最终都没有见着面，志摩颓丧地回了京。

好事多磨

志摩回京没闲着，找完胡适又找刘海粟，接下来就是前面已经说过的"功德林"宴。刘海粟成就斐然，王赓同意离婚。小曼离了婚，却因为堕胎落下病根，从此不能生育，这成为他们一大遗憾。志摩虽然与张幼仪有一个儿子，但还是希望能有一个他与小曼的孩子，爱必有果。小曼心里的苦楚无法诉说，只得看着志摩亲切地抱着朋友的孩子爱不释手。

志摩很喜欢小孩子，但张幼仪怀孕，志摩却建议她堕胎，他不爱她，下意识地肆意折磨她，冷血冷面，他觉得理所当然，单纯得越直接，就越残忍，伤人越重。他爱小曼，所以他想要小曼的孩子，尽管徐积锴是他的儿子，但看上去并不怎么亲，完全没有父亲的样子。

爱一个人，爱到想要她的孩子的地步，也是真爱了。爱之结晶，才是实实在在的明证。世间的混沌、妥协、无奈，却造就着太多的不爱之明证：陆小曼不要王赓的孩子，徐志摩不要张幼仪的孩子，萧红谁的孩子都嫌恶地送了人……

有时候我们并不相爱，却不得不在一起，所以即将来临的孩子成了危险物。

不过，现在什么都不重要，小曼飞也似的跑向志摩。因为久未通信，看到《晨报》副刊上一篇徐志摩的《迎上前去》，才知道志摩已在《晨报》供职。小曼找到报社，对志摩说："我自由了。"志摩高兴地跳起来，倒吓了在旁的蒋复璁和张慰慈一跳。若是王赓看见她这般模样，也许会为自己的成全舒一口气。春荣秋谢，世事如流，自然最好，所有的悖逆都会摧残掉美好，放过别人也是放过自己，执念都是心魔。王赓不是坏人，但与徐志摩和陆小曼不在一个频道。

志摩和小曼都是追求爱的人，那就是他们的理想、目标、终极的存在。两人都是极真纯的人，朋友文伯说："志摩对小曼的爱是 come and true（来真的）了。"小曼说："他给我的那一片纯洁的真情，使我不能不还他整个的、从来没有给过人的爱。"

张歆海对小曼说："恭喜你自由了。"小曼却道："我要结婚的。"绝对的自由太飘忽，人心总要着地，最好的归宿也许便是有爱的婚姻。

小曼这朵带刺的玫瑰更加出名了，她的独特，她的无畏让她成了一代偶像。好莱坞电影公司也来找她，想让她去美国拍片，还汇来了五千美元的巨款。钱财过眼，小曼无动于衷，在她，感情是第一位的，她把情看得太重，有了爱情，什么都有了。幸亏志摩对她几年如一日，尽心呵护，不曾厌倦。如果换了别的男人，这是多么危险的赌注，没有事业没有经济基础就没有独立的资本，然而再可靠的志摩也因为天灾人祸离她而去了，她哭泣着求助胡适、文伯等人，树死藤枯。

谈到她与志摩的婚姻，两方家长都是反对的，吴曼华觉得在王赓入狱时逼他签字有失厚道，但也经不住徐志摩软磨硬泡，前来孝敬。再加上疼爱宝贝女儿——志摩已成为小曼多病身体的良药——就慢慢接受了。她提出两个条件：一、要求梁启超证婚，因为梁启超在全国负有名望，又是徐志摩的老师；二、要求在北京北海公园图书馆的礼堂里举行婚礼。这两个条件有一定的难度，但胡适都办妥了。

志摩父母那边也是胡适出面。志摩在给胡适的信中说："我爸妈待我太好了，我有大事不能不使他们满意，因此要爸（妈能同来当然更好）来，亲自来看看眉，我想他一定会喜欢她的。"小曼也在信空白处加了一句："先生！并非我老脸皮求人，求你在他爹娘面前讲情，因为我爱摩，亦须爱他父母，同时我亦希望他二老亦爱我。我受人的冷眼亦不少了，我冤的地方亦只你知道。"

志摩的父亲徐申如却难摆平，作为浙江省海宁县硖石镇的一个富绅，很注重脸面，儿子离婚已是大逆不道，再娶一个有夫之妇更是有辱门风。何况他很不喜欢陆小曼，认为她属轻薄之人，对志摩的生活会有影响。所以胡适没能说服徐父。1926年2月，徐志摩亲自南下。志摩又是一番软磨硬泡，父亲初步答应，但是他想等张幼仪回国再说。他特别看重这个儿媳妇，已经把她认作干女儿，家产也作了初分，老辈开一份，幼仪和儿子阿欢一份，徐、陆得一份。

张幼仪接到消息后回国，因为战争的关系，当年夏天才到上海，第二天就去拜望原来的公公徐申如。志摩见了她点点头，徐父示意她坐下。

徐父问："幼仪，你和志摩离婚是真的吗？"

张幼仪知道志摩与小曼的恋爱过程，看着他急切地望着自己，她沉静地说："是真的。"

徐父有些失望，又问："那你反对他和陆小曼结婚吗？"

张幼仪想，他们结婚跟我有什么关系？！她迟疑了一下说："我不反对。"关于徐志摩与陆小曼是否合适在一起的问题在她心里一闪而过，没有结论，时至今日，只能高高挂起，她没有必要替别人操心。

徐申如轻声叹了一口气，似乎很失望。但是张幼仪又能说什么呢？她是个明白人，她不搅和。

徐志摩听了却高兴得像个孩子，对前妻说了声谢谢，就跑到窗口，伸开手臂，仿佛要拥抱世界。可是突然，他手上那枚戒指从窗子里飞出去，志摩的表情瞬间惊恐万状，赶快跑出去找。这戒指张幼仪进门时看到了，它是那么显眼。这就是小曼送给他的"勒马玉"，包含着一个美丽的故事：有一个王子，手上戴着一枚翠玉戒指，一天，一匹马疯狂地朝他奔来，他试图阻挡般下意识地扬起了手，没想到马儿却停下来，吻着这块玉，大概以为这是青草。翠玉挡住了马儿，所以被称为"勒马玉"。陆小曼就是那块翠玉，止住了徐志摩漫无目的狂奔乱走的脚步。

志摩找来找去就是找不到戒指，张幼仪觉得这个时候把戒指弄丢了，似乎预示着他和小曼之间将会发生些什么。

徐申如并没有给出令人满意的答复，胡适、刘海粟等人又出面周旋，徐父才勉强答应，并提出三个条件：结婚费用自理；婚礼必须由胡适做介绍人，梁启超证婚；结婚后必须归南，安分守己过日子。

事情终告成功，但是在这些日子里，小曼也经历了极深的相思之苦。她在日记里写道：

> 摩，你在害死我。在你离去前，我想十五天容易度过。但是现在我知道，没有你过一天也不可能。你俘虏了我，宠幸着我。有四天没有接到你的信，究竟是咋回事？我是坐立不安，不吃、不玩，去戏院和电影院都没有用。

她吻着他的信，抱着他的照片入睡，用各种甜美的名字呼唤他，种种幸福的经历伴着她入梦。爱，如痴如狂。她醉了。徐志摩对于小曼的炽热给予双倍的回应，他忍不住思念的煎熬，偷空回北京。两人重游北海，此时的心情已大变样，再不用躲着谁，心情舒畅，美景也自然映入眼帘，"水映船舷蓝色，影深于实"。小曼还有兴致去追看美女，调弄小狗，志摩却玩笑说自己近视了。有了小曼,他对其他美女视而不见了。小曼曾在日记里写道:"一个美貌的女子就能使你神往,那你若是一两年不见我,只要有别的美人在旁你就能忘了我么?本来啊,人之爱好是天然的,我哪能使你见了别的好看的人不动心呢?况且你眉眉也不是个天仙美女,哪有权力来管人家呢?你畅开地看吧!我是不配管的。"

有朋友读到这里便夸小曼的通达,她不仅自信而且对志摩有信心,然而仔细想想,这句话有些酸酸的味道,"你畅开地看吧!我是不配管的"。像林妹妹的语气,"我是不配——"陆小曼在后面就把这种抱怨和担忧轻描淡写地露了一笔:"你也是同旁的男子一般的靠不住。古人说水性杨花是女人,我看男子便流水无情呢!"她并没有沉浸在这种幽怨的情绪里,很快就写了一首诗,还自夸——"你瞧我写的诗多好呀!且比大诗人徐志摩的诗好得多呢!""我也用不着想,用不着先做,一写就是。"

听!那不是他的脚声么?
可笑——他还轻轻地怕我知呢!
或者他一定想吓我!
也许他偏叫惊奇!
可是我再也不怕——
再也不用惊——我也来骗他一次。
哈哈!门外头跳进了一只鹤!
东张西望像似只饿鸡!
满心想来觅他的小乖乖!
来吮他饿了一个月的嘴!
乖乖!快出来——不然我要钻进来了!
在被服的中间躲着他的小龙,

……
　　旁边钻进了一只又大又美的手！
　　她再也动不了——她再也叫不出——
　　她已经快被他吃完了——
　　肉——血——灵魂——都变了他的了！
　　千万只眼也再分不清龙同鹤是两样。

徐志摩是鹤，鹤立鸡群，在小曼的眼中。但是现在患了相思病的鹤变成饿鸡了，吃了她这只小龙的血、肉、灵魂，如此龙与鹤融为一体，任千万只眼睛也分不出来了。小曼的心声被活画出来了，思念如饥似渴，浑然没了自己。

惊世婚礼

1926年8月14日，即农历七月初七，是天上牛郎织女牵手相会的日子，徐志摩与陆小曼也历尽劫难，在北海公园牵手订婚。精诚所至，金石为开，真正的爱情要么相依，要么化蝶，富有浪漫因子的心酷爱拼将一生休。志摩与小曼都是充满激情的人，美和爱是他们的理想，连请柬也做得别致，左侧是一幅竹子图，题名：野竹青霄，右边写着：

　　夏历七月七日即星期六正午十二句钟洁樽候叙
　　志摩　小曼拜订
　　座设北海董事会

到场的有陈衡哲、陈西滢、邓以蛰、任永叔、梁实秋等一百多人，梁实秋记录了这个场面:"有人说志摩小曼真是才子佳人,天作之合;也有人在讥讽……结婚离婚都仅是当事男女双方之事,与第三者何干?外面的传说,花样就多了。有些话是无中生有,有些话是事出有因,而经过播讲者加盐加醋的走了原样。"

婚姻离合最容易成为闲人饭后的谈资,不然如何来打发无聊的时间呢?倒也有些单纯的人比较明理,梁实秋抱不平地说与第三者何干?他是这次订婚会上年龄最小的一个,叨陪末座,却喝了最多酒,一看便是实诚的人,为徐、陆写了整整一篇文章来辩驳。

过了一个多月,徐志摩与陆小曼举行婚礼,仍在北海公园。因为自筹经费,所以一切从简,只备了一些茶点。来宾有两百多人,介绍人是胡适,因为去了国外所以没来参加,证婚人是梁启超,金岳霖做伴婚人,还有赵元任、陈寅恪等专程从清华大学赶来。

徐志摩的父母没有来,一开始就给陆小曼一个打击。再怎么叛逆,也希望得到祝福,尤其是自己和爱人最亲的人,那是徐志摩的父母,不来就等于不接受她。所有人都看得清清楚楚,这更让她没有面子,有口难言。这是徐家人第一次给她颜色看,后面还多着呢。

徐申如来电说:"余因尔母病不能来,幼仪事大旨已定,你婚事如何办理,尔自主之,要款可汇。"要款可汇,当然需要,你又不是不知道,但是先前约法三章,谁又开得了口?陆小曼倒不在意那点儿饭钱。儿子要结婚了,却想着幼仪的事,你结婚自主办去,倒是幼仪的事是个事儿。在新儿媳面前念叨旧儿媳,仿佛无奈中最后的反击,事成定局,别无他法,泼点冷水吧,这态度让人仿佛看到徐老太爷半睁着眼,爱答不理地斜睨着小曼。小曼曾说,她是最怕人家冷眼的。像徐志摩赌气时说的,要不是你的母亲,我让她见识我的厉害。这是徐志摩的父亲,小曼也没有办法,再骄傲的心性也只能忍气吞声了。

她没有林徽因的娴静，让老辈觉得放心，也没有张幼仪的得体，让老辈觉得踏实，小曼太张扬，她的个性对保守的老辈人来说，像可怕的狮子口。

徐志摩的老师梁启超就是这种看法，他同样对小曼深恶痛绝，他的证婚词举座皆惊：

我来是为了讲几句不中听的话，好让社会上知道这样的恶例不足取法，更不值得鼓励——

徐志摩，你这个人性情浮躁，以至于学无所成，做学问不成，做人更是失败，你离婚再娶就是用情不专的证明！

陆小曼，你和徐志摩都是过来人，我希望从今以后你能恪遵妇道，检讨自己的个性和行为，离婚再婚都是你们性格的过失所造成的，希望你们不要一错再错自误误人。

不要以自私自利作为行事的准则，不要以荒唐和享乐作为人生追求的目的，不要再把婚姻当作是儿戏，以为高兴可以结婚，不高兴可以离婚，让父母汗颜，让朋友不齿，让社会看笑话！

总之，我希望这是你们两个人这一辈子最后一次结婚！这就是我对你们的祝贺！我说完了！

志摩听不下去了，悄声说："给我们点面子吧。"而此时小曼已泪水盈盈。盼望已久的美梦成真，小曼既兴奋又紧张，所以婚前夜里失眠，吃了很多安眠药，现在站在礼堂里，仍旧昏昏沉沉，被梁老夫子一骂，仿佛当头一棒，感到莫名的委屈和惊骇。志摩早有准备，不知道是不是被老师训惯了，虽然一脸难堪却也有些顽皮。可能心里只是欢喜，挨点骂不算什么。第二天还实施他乖孩子的礼数，带着小曼到梁家谢礼去了。他是明白的，就像他在信中对小曼说的话，"爱我的，期望我成才的，都好像是我的恩主，又像债主,我真的又感激又怕他们"。

当面还算客气的,在梁启超给儿子梁思成与儿媳妇林徽因的信中更见出他用词之狠:"……此次看着他陷于灭顶,还想救他出来,我也有一番苦心。……我又看着他找得这样一个人做伴侣,怕他将来痛苦无限,所以想对于那个人当头一棒,盼望她能有觉悟,免得将来把志摩弄死……"

"那个人"自然是陆小曼,这段著名的证婚词见出其对志摩的关心和爱护,可是也太自私霸道了,对小曼很不公平。某些人对梁启超很不满,认为他是以封建反封建,迂腐、虚伪,但是梁老夫子似乎预言成真。志摩为了维持小曼奢侈的生活消磨着诗人的灵气,诗人需要闲的,他却要为生活来回奔波,到处代课,兼职,他们开始有一段幸福的时光,但之后全是痛苦。杨振声曾说过:"他(徐志摩)所处的环境,任何人都要抱怨了。"所以后来很多人对陆小曼大加挞伐,尤其是志摩飞机失事,小曼更成了"红颜祸水",但是这与徐志摩自己也有关系。刘海粟说:"家庭的压力更加上志摩事业的不如意,内忧外患……在文学上、人品上我是极推崇他的,但是他性格上的懦弱,还有一点中国封建社会中形成的读书人的软弱和天真,使他未能使小曼和自己冲破封建卫道士的精神桎梏。"

他的软弱和天真致使生活无着,因为无着,因为缺乏处理生活的能力,只会逃避,烦恼堆积,就去找出口,其中一个出口就是林徽因——据小曼的日记来看,志摩的死林徽因也逃不了干系——如此小曼更赌气,两个人拧着走,只会让生活更糟糕。这样一个恶性循环是两个人共同造成的,像陆母吴曼华说的:小曼害了志摩,志摩也害了小曼。这是对他们最切实最公允的评价。

当时知名媒体对徐、陆结婚的事都做了报道,《北洋画报》有一篇署名"王郎自京师寄"的文章,虽然讽刺,却也不无针砭到位的地方。

……今徽归梁氏子矣，徐已可望而不可即。一对璧人，方徜徉于伦敦，留学界罔不知之。而凌叔华之嫁闲话大家陈通伯，徐又居失意者之一。乃不得不退而求其次，徐陆之姻缘由是成……东西虽两般都旧，人儿却都是簇簇新也。

林徽因归了梁思成，凌叔华嫁了陈通伯，徐志摩只好奔向陆小曼，虽属于媒体人的调侃，但未尝没有说中徐志摩的心理。这也是小曼心中的一个结，她时时自问：他会不会尊重我呢？我最怕人家不尊重我了，她是有夫之妇，且没有林、凌的学识，她顾忌自己是不是只是他"退而求其次"的结果？他对她是好的，可是也像林妹妹说的一样，"妹妹是好的，但是见了姐姐便忘了妹妹"。骄傲加自卑，矛盾的混合体，更是心绪烦乱，病愁频添。

第三章｜悲莫悲兮生别离

> 几日的昏沉直到今天才醒过来，知道你是真的与我永别了。摩！漫说是你，就怕是苍天也不能知道我现在心中是如何的疼痛，如何的悲伤……
>
> ——陆小曼《哭摩》

世外桃源

　　王子和公主走进了婚姻的殿堂。之后的事情就是幕下面自导自演了，幸与不幸都须自己来尝。徐志摩心情舒畅，"身边从此有了一个人——究竟是一件大事情，一个大分别；向车外望望，一群带笑容往上仰的可爱的朋友们的脸盘，回身看看，挨着你坐着的是你这一辈子的成绩，归宿"。小曼偎依着志摩，"以后日子中我们的快乐就别提了，我们从此走入了天国，踏进了乐园……同回到家乡，度了几个月神仙般的生活"。

　　有了一辈子的归宿，就过起了神仙般的生活，又何来"人生若只如初见，何事秋风悲画扇"的感叹？不过现在感叹为时尚早，我们就看看徐、陆"神仙般的日子"。

　　新婚后的陆小曼依徐申如之命随徐志摩南下，回到家乡硖石。下了车，志摩拉着小曼的手一边往家里走，一边给她讲硖石的典故：东西两山的来历、名闻海内外的"硖石灯彩"、白居易来看望硖石的老师顾况时写下的诗……志摩讲得津津有味，小曼听得兴味盎然。很快，她就对硖石充满了喜爱，情绪完全融入这个江南古镇，这不就是她在西山幻想的要与志摩过世外桃源生活的地方嘛。

一会儿，他们到了硖石干河街，看到了父亲为他们造的新房。家人早已在那里张望了，一见他们马上就去向老爷、夫人禀报。见小曼很是沉着，志摩心想："我的曼真是每临大事有静气啊！"管家家麟赶紧迎上来，问怎么没让人去接。家麟就是志摩后来创作的小说《家德》中的原型。志摩向老人家介绍妻子，陆小曼忙对家麟说："老人家好，志摩常对我念叨您呢！"小曼待人一向亲切，从没有大小姐的架子。

徐老太爷与钱氏早已端坐在客厅中间的红木太师椅上，等着看看儿子自己选的女人。进了屋门，志摩快活地拉着小曼上来介绍，小曼赶紧行礼。徐申如"嗯"了一声，心里想：模样还不错，怪不得志摩醉心于她。钱氏热情地让小曼快不用多礼。二老眼见着小曼衣着清新朴素，举止如闺秀大方得体，第一印象还可以。

徐、陆住进专门为他们新婚所建的"新宅"，楼上楼下共二十余间房间，有两个浴室。他们住进东侧，卧室中间放了一张铜床，薄绸轻帐，粉红色的家具，壁炉旁悬挂着梁启超的手书，卧室与书房相通，书房里摆了红皮木架沙发、藤椅和小曼的梳妆台。志摩因小曼又名眉故给书房取名"眉轩"……门前五开间，遍植花草树木，楼后有屋顶露台，在上面可以远眺东西两山，视野颇为开阔，深得志摩喜爱，志摩说：我父乃为我眉营此香巢，无此因无以寓此娇燕……

小曼果然是娇燕，志摩写给张慰慈的信中说：

乡下人看新娘子那还了得,呆呆的几十双眼,十个八个钟头都会看过去,看得陆小曼那窘相,你们见了一定好笑死……每天九点前后起身,整天就管吃,晚上八点就往床上钻,曼只嚷冷,做老爷的有什么法子,除了乖乖地偎着她,直偎到她身上一团火,老爷身上倒结了冰……

吃晚饭的时候,她才吃了半碗饭,就可怜兮兮地说:"志摩,你帮我把这碗饭吃完吧。"徐母看着那饭已经冷了,嘴上不说,心里心疼儿子吃了说不定会生病呢。徐母的眼睛剜着小曼,徐父皱着眉。刚吃完饭,大家准备上楼休息的时候,小曼转过身子又说:"志摩,抱我上楼吧。"徐父的眉头皱得更紧了。徐母后来向张幼仪抱怨:"你有没有听过这样的事情,这是个成年女子啊,她竟然要我儿子抱她上楼,她的脚连缠都没有缠过啊!"

连林妹妹进了荣国府都知道步步留心,时时在意,小曼对老辈的脸色却是盲的。相处下来,徐氏夫妇对小曼越来越看不惯了。徐家就一个儿子,徐志摩学了文学,本来由张幼仪接管家中事务,现在张幼仪走了,徐申如想让陆小曼管管账,但是志摩说,那怎么行?小曼最怕数字了,要她管钱,肯定不行。徐申如说:"那怎么行?我们是一个商人家庭,管钱庄是最基本的事了,你学了文学,她再不管家,这个家以后怎么办?你总是护着她,到时候你有苦头吃了,我们两个老人无所谓,看不惯我们可以走,我们可以上幼仪那儿去。"徐父老大不高兴,不知道这个媳妇娶回家来有什么用,什么都不做,睡到中午才起床,而且什么都用高档的,外国的手帕、北京的墨,完全是大小姐派头。

不久,徐氏夫妇做出第二件让小曼难堪的事情,他们果真到张幼仪那里去了。在徐家,小曼接二连三受打击。想来也是自然的事,以徐申如的性格,小曼是怎么也入不了眼的。公说公理,婆说婆理,徐父要做事,小曼要自由，责任和自我很难相容的，就像《月亮和六便士》里的查理斯·思特里克兰德，抛妻弃子，去追寻自己的梦想，他那理所当然的冷酷心肠让人指责，但他全然不在意，人活着不是为了牺牲的，谁也不必为谁做出牺牲，这才有完整的自我。可是，人生在世，走的不是单行道，棱角与棱角，碰撞即有摩擦。

小曼觉得没有私人空间了，不能尽情表达自己的喜怒哀乐了，她自己那套生活哲学在这里行不通了，旧式的媳妇她没做过，不懂得毕恭毕敬，早道早安晚道晚安，吃饭先请公婆动筷子。一边是志摩的热情，一边是公婆的冷眼，冰火轮流。她替林徽因背着黑锅，徐家人失去了张幼仪这个德能兼备、有财有才的好媳妇，都怪到小曼头上来。后来小曼委屈地对王映霞说："徐家公婆把志摩与幼仪的离婚，归咎于我，这是天大的冤枉。他们离婚是在1922年，我与志摩相识于1924年，其间相隔两年，他们的事完全与我无关，但他们对我不谅解，公公视我如仇人……我以最大的勇气追求幸福，但幸福在哪儿呢？是一串泡影，转瞬之间化为乌有。"

后来，也有过一次，徐申如尝试"善待小曼"。那是1928年，志摩去欧洲讲学，小曼一个人在上海住，他说："你没必要这样一个人守着一间大房子，何不把车子停在车库，只留一个佣人看房子，过来和我们一起住乡下？"徐申如只是想省钱——再怎么说也是自己的儿子，冷在面上，疼在心里，陆小曼的挥霍让他不往外拿钱，但是看着儿子这样疲于奔命，他是于心不忍的——可是小曼不买他的账，你以为给个台阶下，就当什么也没发生过？小曼不单单是留恋上海的舒适生活，还对徐父徐母曾经给她的冷脸心生怨怼。她对徐申如的"热情"没有理睬，这让徐老太爷大怒。徐志摩次年回国，在火车站与父亲碰头，徐申如说："我已经决定不再和你老婆讲话了，如果她不搭理我，我又何必想办法善待她？"果然，之后志摩单独来见父母，小曼一来，徐申如就立刻躲开。几年后，志摩的母亲去世，也是不让小曼上门，徐申如说:"她一来我就走。"竟仇深似海了。

生活就是一个大杂院,他人即地狱,若要并行不悖,只能包容。退一步海阔天空,可是,包容、退让,是不是一种委屈?世间事,总是难有一个定论。你往我心里滴镪水,我往你心里滴镪水,越来越冷,越来越寒,直到水火不相容。

公婆离开去张幼仪家,无疑对小曼是个沉重的打击,不久,她就得了肺病。志摩写信与刘海粟说:"曼日来不爽健,早晚常病,以此生愁。天时又寒,令人不欢。"

性格造就处境,小曼无可奈何,只是生病生愁,过了一段时间,才从病愁中逐渐恢复。没有"双老"的监督,小曼反倒轻松了,她与志摩两人在这座别致的住宅中,携手相依,吟诗作画,登高(*露台*)望远(*两山*),甚是惬意,倒真如神仙眷侣了。

志摩说:"真静,这两天屋子里连掉一根针的声音都听出来了。"只要与志摩在一起,看起来爱闹的小曼也能享受"静"的。她在《志摩诗选·序》中写道:"在新婚的半年中我是住在他的家乡,这时候可以算得是达到我们的理想生活……就是这样一天天地飞过去,不到三个月就出了变化……"

好景不长,北伐军发起江浙战争,占领杭州,沿沪杭线北上追击孙传芳的军队,波及硖石,徐、陆只得去上海,结束了这段"神仙般的日子"。

今朝有酒

虽说是被迫,但朋友们都觉得长期住在海宁那个小地方对徐、陆的未来没有好处。其中在欧洲游历的胡适,就致函泰戈尔的助手恩厚之,说:"他们两口子（指徐志摩夫妇）在那小地方住得太久，就会受害不浅了。他们多方面的才华会浪费消逝于无形了。"他要求恩厚之"能找出办法把志摩夫妇送到英国或欧洲其他地方，让他们有两三年时间读点儿书，那就好极了"。恩厚之答应了，寄来一笔钱，想让他们去欧洲发展，让他们不要贪恋乡间的生活。乡间生活虽然舒适，但容易磨灭人奋斗的意志。不过因为小曼身体不好，未能远行。

上海是滋生浮华与惰性的温床，这里的社交界比北京更消耗心神，于小曼却是如鱼得水。这里是殖民统治下的十里洋场，时髦的商品、华丽的住宅、豪华的舞厅、奢侈的剧场……能歌善舞、善于交际的陆小曼出入高雅的社交界，结交名人、名伶，渐渐地过上了夜生活。她在北京已是社交界的名人，现在又是著名诗人的太太，再加上惊人的美貌，在上海又成为中心人物。《良友》《上海漫画》《上海画报》等刊物多次刊登她的玉照，两手托腮，面带微笑，发际簪一朵花，那种名门淑女的风范，清秀典雅又不失妩媚。各家报刊也不停地追踪她的生活隐私。"这位来自'北方'的'名媛领袖'，给久餍浮华的洋场，吹来清新之风……"

良友印行的《名媛写真集》第一集，刊登了十位名媛，其中就有陆小曼手持折扇、身穿裘领衣服的影像。

这样的排场，费用自然多，小曼又是养尊处优惯了的，物质欲望有增无减。他们住在四明村居一所洋房，租金很高，小曼还养了很多佣人，出入有私人轿车。她常常包订剧院、夜总会等娱乐场的座席，光顾著名的一百八十一号赌场，去"大西洋""一品香"吃大菜。

小曼嗜吃。

志摩曾经写过一篇关于小曼吃相的古体散文，写小曼吃石榴，"眉持刀奋切"，形象生动，娇憨可人，如果遇到不喜欢吃的就"弃之弗食"，志摩为石榴抱屈：石榴无过错，是时令不对啊；雪里红烧细花生，炉边白薯亦焦淬透味，糖葫芦色艳艳迎人，蜜汁樱桃仅剩下底。这篇散文写得绝妙有趣，小曼在志摩眼中也是宛然可爱。但是，嗜吃成了志摩的负担后，娇态就没了美感，徐志摩开始说她："你一天到晚就是吃，从起身到上床，到合眼，就是吃。也许你想芒果或是想外国白果倒要比想老爷更亲热更急。"

说归说，志摩还是紧着她吃，他托朋友王济远从日本带一筐大樱桃给小曼，托义茂带"真好的"石榴，"乖，你候着吧，今年总叫你吃着就是"。

后来小曼又染上了烟瘾。小曼体弱多病，常常不是这儿疼就是那儿痒，没有小半天舒服。朋友江小鹣为她介绍了表弟翁瑞午，翁瑞午劝小曼抽几筒鸦片，果然有效，浑身舒服，她就抽上了瘾。这不但增加了一大笔开销，还毁了小曼半生。志摩曾就此说："前三年你初沾上恶习的时候，我心里不知有几百个早晚，像有蟹在横爬，不提多难受。但因你身体太坏，竟连话都不能说，我又好面子，要做西式绅士的，所以至多只是短时间绷张一个脸，一切都忧在心里……招惹了不少浮言，我亦未尝不私自难受，但实因爱你太深，不惜处处顺着你……"

小曼喜欢玩、喜欢热闹、喜欢安逸、喜欢赶场子，而志摩不喜欢无聊的应酬，他更喜欢清谈、喜欢创作，在静中捕捉灵感；志摩喜欢大自然、喜欢旅游，小曼虽也喜欢大自然，但是却被房子困住、被身体困住，只能在灯红酒绿中旋转。志摩说："你这无谓的应酬直叫人不耐烦，我想想真有气，成天遭强盗抢，老实说，我每晚睡不着也就为此。眉，你真的得小心些，要知道'防微杜渐'在相当的时候是不可少的。"

志摩不喜欢小曼的朋友，尤其厌烦她交友的态度：对朋友毫无保留，不分男女。他提醒小曼："受朋友怜惜与照顾也得有个限度，否则就有界限不分明的危险。"可小曼不以为意，仍旧我行我素，似乎有种行得正走得端不怕影子斜的味道。后来，果真界线不分明了，陆小曼与翁瑞午被小报讽刺，打了一场未果的官司，一时沸沸扬扬。志摩又用出国来逃避，以为小曼会收收心，在意一下外面的闲言，但毫无效果。志摩的压力是很大的，还有经济问题，他在日记中写道："我不愿意你过分'宠物'，不愿意你随便花钱，无形中养成'想要什么非要到什么不可'的习惯；我将来决不会怎样赚钱的，即使有机会我也不来，因为我认定奢华的生活不是高尚的生活。爱，在俭朴的生活中，是有真生命的，像一朵朝露浸着的小草花；在奢华的生活中，即使有爱，不能纯粹，不能自然，像是热屋子里烘出来的花，一半天就有衰萎的忧愁。"

小曼的这些习惯是从小就养成的，父母的宠爱，教会的教育，可是后来家道中落，习气难除，这就是志摩苦恼的一个原因。小曼却自有她的道理，她想："可叹我从小就是心高气傲，想享受别的女人不容易享受得到的一切，而结果反成了一个一切不如人的人。"

徐申如的拒绝，身体的不争气，鸦片的侵蚀，生活环境的影响……小曼似乎自甘沉沦，自暴自弃，乐得醉生梦死。她变得娇慵、懒惰、贪玩，当初恋爱时的激情全没了，天赋灵性也在逐渐消失。志摩看在眼里，急在心上，他送给小曼的新年礼物是曼殊斐儿的日记，写着："一本纯粹性灵所产生，亦是为纯粹性灵而产生的书。"他希望小曼也达到性灵，脱离物质的束缚，成为文艺女神。期许太高，容易失望，他在以自己的幻想来塑造一个活人，这是多么难的事。

有人劝徐志摩离婚，其中就有他们的红娘胡适。但是志摩坚决不同意，情根深种，他们的联结是斩不断的了，他力图"拯救"小曼。他认为他所看到的挥霍、贪玩都不是小曼的本质，她是美丽、纯洁、有灵性、有才华、非同一般的女子。他所爱的只是他心目中这个美好的幻象，而不是陆小曼这个真实的人。志摩是诗人、学者、教授，读的是经典名著，小曼则喜欢路边小人书，虽也是文学，到底是通俗文学，王赓说他们都是艺术型的人，但艺术与艺术也有个雅俗之分，在品味爱好上，两人根本不是一路。志摩想把小曼硬拉到自己这条轨道上来，只是白费力气。不过，他不怕失败。他仍旧鼓励她，督促她，诱导她为自己写写序，高价给她请绘画老师，还为她的画签名奔忙。

小曼觉得这是约束，觉得志摩不如婚前对她好了，没有先前的百依百顺，而是管这管那的，不要打牌、不要抽鸦片、不要留恋舞场。至于督促她写文画画，她也知道那是为她好，但是她力不从心，只好眼巴巴地等着志摩一声令下，不用再写了。听到这话的小曼就像小孩子一样飞出牢笼，跑出去野玩了。她达不到他的期望，内心里也是有内疚和自卑的，内疚和自卑又让她产生了深深的无力感，所以索性去抽烟，天亮才睡。志摩不吸烟，只有窝在小曼身后打盹儿。

徐申如看不惯陆小曼，经济上与他们一刀两断。徐志摩为了供小曼挥霍，只得在光华大学、东吴大学、大夏大学同时讲课，课余还赶写诗文赚稿费。1931年2月，志摩去北平教书。小曼对志摩也不再如以前那么关心，她不帮他整理行装，也不送他动身。她不送他，是因为他要去北平，而北平住着一个林徽因。

半年中，志摩一直写信给小曼，希望她来北平，甩掉在上海的奢靡习气："你说我是甘愿离南，我只说是你不肯随我北来。结果大家都不得痛快。我这回正式请你陪我到北平来，至少过半个夏。但不知你肯不肯赏脸？"

小曼不肯回北平，一半是因为北平不如上海舒服自由，那里有志摩的师长、朋友看不起小曼；一半因为赌气，徐志摩在北平，就住在林徽因和梁思成家的楼下。

龃龉渐生

你的眼泪从珍珠变成露珠，玫瑰花也起了皱。婚姻最能消磨爱情，爱是消耗品，消耗的同时必须源源不断地产生，这需要智慧，更需要耐心，可是，没有爱哪来的耐心呢？所有的不纯粹都是冲击爱的因素，都是裂纹。

小曼是多愁多病身，别人只看到她表面的风光，却不知道她心曲已转了多少弯。对于敏感的女子，需要细腻的心去呵护。王赓不懂，所以小曼一直把心事藏得很深，用跳舞、看戏和疯玩麻醉自己；志摩虽懂一些，心却又不全在她一个人身上。她赌气，她骄傲，只能冷言冷语，却什么也左右不了，男人的心，你是改变不了的，越抓跑得越快，很快消失没影，让你一点办法没有。索性，她不抓了，各玩各的。他去陪林徽因，她就跟她的朋友们一起玩。

小曼爱交朋友，她跟与自己不相伯仲的唐瑛是好姐妹，与徐志摩的好友凌叔华惺惺相惜，还收了好几个干女儿，她是能容得下同性的。小曼男女不分，这并不是轻薄、轻浮，这是她的侠气，像史湘云，对那些人是"从未将儿女私情略萦心上"。所谓陆小曼是"交际花"的印象不过是一个错觉，真实的小曼绝不是《人间四月天》里那样浓妆艳抹，她清纯可爱，梳着学生头，穿着素雅的旗袍。小曼曾对王映霞说："我不喜欢花花绿绿的衣服，那太俗气了。我喜欢穿淡色的服装。有一次，我穿蓝布旗袍得到志摩的称赞，他说朴素的美有胜于香艳美。"王映霞第一次见到陆小曼，她就身穿一袭银色的丝绸旗袍，极其淡雅端庄。陆小曼交际不是为了花别的男人的钱，她只花自己丈夫的；她不是一个水性杨花的女子，她从未做过对不起丈夫的事情。小曼意志薄弱不假，但志摩在世时，并未与翁瑞午有过实际瓜葛。她不搞暧昧，不诉衷情，四海之内皆兄弟。

她需要姐妹，需要兄弟。"夫妻间没有真爱可言，多成怨偶，倒是朋友的爱较能长久。"她极度认同凌叔华的这句话。这是在表明态度，表明她的"怨"。世间事总有缺憾，如果是精明的女人，会用尽手腕慢慢挽住志摩的心，但小曼太单纯，无心机，恼怒全都露在脸上，心事藏不住的，她不会控制自己，有气就发，直来直去。与那些虚与委蛇的女子相比，哪个更值得珍视呢？若爱，就爱我的本真，而不是遮掩假装出来的那个我，那不是我，那是面具。像小曼这样骄傲、追求纯粹的人，不由得感叹："早四年他哪得会来爱我，不是我做梦么？我又哪儿有她那样的媚人啊？我从前不过是个乡下孩子罢了，哪儿就能动了他的心？"

如果说那个时候可以归结为相见恨晚，可是后来呢？

虽然有了陆小曼，徐志摩仍旧对林徽因、凌叔华等人念念不忘，始终与她们保持一种亲密关系，这是怎样的屈辱和伤害？

小曼之前对志摩的追求曾有过犹豫的，但是她总是心软，每到最后终被感动，自己对自己说："得啦，我的心是最柔软不过的……"

她一直以为徐志摩认林徽因为"女神"，他追林未果才转向自己寻求安慰，她在日记里写道：

我这两天灰心极了，在他（徐志摩）身上亦不想有多大的希望，他的心里的真爱多给了她（林徽因）了，我愈想愈不当来破入他那真情破网里。

他虽然失意，可是他的情仍未死，我为什么去扰乱他……

要说小曼有不可救药的习性，徐志摩自己也有，说得好听一点，就是他

的多情,不仅仅是对林徽因,还有对凌叔华。小曼在日记里写道:

> 昨日去叔华家谈了一下半天,知道你寄给她你作的文章,你为什么不寄点给我呢!我的学问虽则是不好,可是我的心是最好强的,你可千万不要看不起我,人家看不起我比什么都难过。我知道你是爱我的,我心里很觉得安慰,只是你对我终没有对她们那一般的情,清夜里想起来使我心酸。

除此之外,红颜知己韩湘眉送猫,志摩视若珍宝;被小曼称为"肉肉"的俞珊送玉照,这个烈火一样的女人能燃着所有男人,后来志摩以后怕的语气说:幸亏我们没有事,连梁实秋都出了丑……谁又明白小曼的心酸?谁又知道她的委屈?谁又怜惜她的痛楚?小曼拒绝去北平,她要留在上海过自己的生活,所有的人都怪罪她。有一次郁达夫的夫人王映霞说怪小曼,郁达夫说你不懂。这其中的玄妙,只有文人气质的郁达夫了解一些。小曼对志摩已失望,已心死,所以没有多少依恋,所以不在乎分离。所以,甚至懒得帮他整理行装。

志摩曾写信埋怨道:

> 我家真算糊涂,我的衣服一共能有几件?此来两件单哔叽都不在箱内!天又热,我只有一件白大褂,此地做又无钱,还有那件羽纱,你说染了再做的,做了没有?……你自己老爷的衣服,劳驾得照管一下。

在两人新婚不久,徐志摩曾收到林徽因从法国宾夕法尼亚州寄来的航空信,祝福他和小曼恩恩爱爱白首偕老,还送给小曼一个包。林徽因的信写得非常有分寸，既不冷淡也不热情，但是志摩看着这熟悉、清秀的字体，怔怔地，连妻子来了也不知道。

小曼问，谁来的信？

志摩如梦初醒般说，是徽因来的，你来看看。

"是她的，怪不得……那我可不能看啊。"

"你别来取笑我，这是写给我们俩的……看吧，以后我们俩就是一体了，还有什么信不能看的。"

他们果然成了一体的，志摩想小曼爱屋及乌，连他的红粉知己也爱。他到北平后写信给小曼经常提到林徽因——他跟你在一起，却经常提到另一个爱过的女人，你情何以堪？这一点像恬不知耻的胡兰成一样，自私又冷酷，他只顾自己心里受用，却看不到身边人心在滴血——小曼无可奈何，只是经常取笑他，他欲盖弥彰：

> 此次相见与上次迥不相同，半亦因外有浮言，格外谨慎，相见不过三次，绝无愉快可言。如今徽因偕母挈子，远在香山，音信隔绝，至多等天好时与老金、奚若等去看她一次。我不会伺候病，无此能干，亦无此心思：你是知道的，何必再来说笑我。

小曼虽然忠厚，到底不傻，他的百般辩白更加说明心里有鬼。短短几日，就去看了三次，何况都有了"浮言"，他从未忘情于她，她对他，也是爱衷不改。

林徽因病了，梁思成请徐志摩去看她。志摩坐在病榻上，谈起"那封"发电报的事，林徽因哭着说："只有给你的那份是真的，其他人我只是开开玩笑。"不知道林徽因到底哪一句是真话，但此时此刻，却都动了情，两人相拥而泣。梁思成回来正好碰上，也没有说什么，但内心尴尬可想而知。

有一个朋友曾写道："X如何如何了，Y不知道怎么样了，Z又加上了，聊胜于无，我怎么也得喜欢着一个人啊。"他的情不是对别人而发的，只是对自己，自己的心不能空着，来者皆可。这是不懂得爱情的人，却时常满面春风地说："我想要爱情。我不是死于爱情就是死于理想。"听起来好笑，这样的人永远不会死于爱情，因为他根本不懂得爱情，他的假死状态仅仅是因为贪婪和寂寞，异性是用来填充他内心的空虚的，而不是拿来爱的。

这样的人比比皆是，这个世界是混沌且丰富的，而有些人却偏要较真，偏要条分缕析，偏要看得清楚，偏要"愿得一心人，白首不相离"。这样的人不是死了疯了——像林黛玉、尼采，就是得过且过——像陆小曼；只有张爱玲还在凛冽中高高独立。

朝朝暮暮

在这可怕的前景面前，我们到底还要不要爱情？

前段时间看一些修佛的帖子在讲：婚姻不是你个人的事，它关系到国家社会的安定，关系到家族子嗣的传承，却根本不关爱情什么事。甚至说，爱情是扰乱婚姻的因素，因为它会变，不稳定，扰乱人心。

爱情确实是扰乱人心的事情，归根结底，我们仍旧飞蛾扑火。这是一种生命力，是活着的明证。

两个人在一起，仿佛两个同心圆，哪里就全都严丝合缝，有交集就不错了，交集的面积或大或小，这全看个人的坚持，交集越大，快乐越多，这只是一个基础，之后就靠自己经营了，或者扩大，或者缩小。徐志摩与陆小曼也是拼了命地结合，自然有着这基础，有着他们的交集。

这种交集尤其体现在合作某一件事上，他们有了共同的目标，联结会更加紧密。在快乐的时光里，徐、陆就合伙创作了五幕话剧《卞昆冈》。

陆小曼不是百无一用的，她有才华、她有灵气、她有她所擅长的东西，也在补足着徐志摩的缺憾。余上沅在《卞昆冈序》中写有这样一段话：

> 他的内助在故事及对话上的贡献，那是我个人知道的，志摩的北京话不能完全脱去硖石土腔，有时他自己也不否认；《卞昆冈》的对话之所以如此动人逼真，那不含糊的是陆小曼的贡献——尤其是剧中女人说的话。故事的大纲也是小曼的。

唐弢先生也说："剧作的对白逼真动人，这是小曼的功绩……"

长此以往，夫唱妇随，也许日子会安静且美好。志摩喜欢看到一个做事的小曼，他以她为骄傲，所以在自己的书《巴黎的鳞爪》封底上特意介绍小曼翻译的《海市蜃楼》。《海市蜃楼》是意大利戏剧，巧得很，志摩译的《死城》也是意大利剧，他们这次合作的《卞昆冈》也有一点意大利气息。

据说这个剧本是他们俩依偎在梳妆台前，你一言我一语地演示、推敲出来的，明显带着志摩的唯美色彩、小曼的动人语气。《卞昆冈》的主要情节是：卞昆冈对妻子青娥一往情深，但青娥病故，所幸留下儿子阿明，阿明有一双酷似青娥的大眼睛，这对卞昆冈是一种安慰。为了照顾阿明，他娶了寡妇李七妹，但他的心仍旧在青娥那里。李七妹因为忌妒，在情夫的唆使下，用药毒瞎了阿明的眼睛，最终杀死阿明，卞昆冈也因此自杀。

1928年7月，《卞昆冈》出单行本，这是小曼文艺生涯中真正意义上的第一部书，虽然是与志摩合作的。

> 徐志摩、陆小曼合著的剧本《卞昆冈》，不久将由戏剧协社等编排公演。这是一出很难排练的戏。单就对话上讲，那种口齿伶俐

的人物便不容易找到。我们等着看吧。

口齿伶俐的特点自然是小曼的，连她编出来的戏都难找到合适的演员，可见其出类拔萃，难有人与之匹敌。这部戏一直没有上演，直到1931年余上沅主持"北平小剧院"参与此事。志摩兴高采烈，亲自跑到现场替人念台词。后来上海话剧艺术中心、青年话剧团、上海现代人剧社又排此剧，上海龙马影片公司还将此改编搬上银幕，可见此剧的影响。

小曼戏写得好，平日又最爱研究文学和戏剧，还发表了几篇跟"戏"有关的小文章。比如发在《上海画报》的《请看小兰芬的三天好戏》，陆小曼借机阐述了自己对戏子的看法。她认为女子演戏是极正当的一个职业，并且会越来越受到尊重。这个观点极具前瞻性，可见小曼的现代思想；还有一篇《马艳云》，介绍了马艳云的来历和唱功特点。小曼对戏很有鉴赏力的，观点也独特。

小曼不喜欢政治说教的文章，她喜欢看英文原版小说、中国古典小说，百看不厌的是《红楼梦》和还珠楼主的剑侠小说，可见小曼身上还是有些侠气的。她给自己起别名"冷香人"，画室叫"冷香馆"。

有一段小曼与志摩争看小说的趣事：那个夏天，志摩在家养病，向胡适借了一本《醒世姻缘传》来看。终日看，通宵看，看得连病都忘了。小曼生气地说："这大热天的挨在床上逼着火，你命要不要，你再不放手我点火把它烧了，看你看得成！"此时志摩正看到书中主角在发怒，忽听到小曼也发怒了，不禁大笑起来。他拉着噘着嘴的小曼说："我翻一节给你看，如果你看了不打哈，那我认输，听凭你拿走或是撕或是烧！"小曼看他这样也有了兴趣，坐下来听志摩念。听得小曼不住地哈哈笑，但是又忽然收住了笑，志摩吓了一跳，以为她又生气了，小曼却说："你把第一册书拿给我看。"

像宝黛共读西厢般，两人日日夜夜地看，把眼睛都看肿了，肚子笑痛了，偶一想到书中妙的地方，或一唱一和地演出其中情节，就撑不住大笑一阵。

《中央日报》编辑浩徐来要志摩替中央附刊留心文稿，志摩随口说让小曼译点小说吧，浩徐来就真的频频催稿。这回小曼可急了，太长的她没力气译，太"贫相"的她又不愿意译。志摩就给她挑了嘉耐德的《萤火虫》，后来发表在《中央日报》文艺思想特刊上。这篇小文章虽短却意味深长，"意味"这东西，没有一定的功底和才气是翻译不出来的。志摩的了解和小曼的才气也算天作之合。

1927年，徐志摩把自己辛苦劳动的成果都献给了爱妻陆小曼。他把自己的译本《曼殊斐儿小说集》送给小曼，以启她的灵性。

《翡冷翠的一夜》是志摩送给小曼的一本诗集，序的题目就是《给小曼》，"如其送礼不妨过期到一年的话，小曼，请你收受这一集诗，算是纪念我俩结婚的一份小礼……"这就是嫁诗人的好处，他的工作里也少不了你，他的精神生活里满满是你，小曼从被家庭的宠爱过渡到被爱人的宠爱，"被神祜佑的人有福了"。

《巴黎的鳞爪》的那篇序也是志摩写给小曼的，其中活画出小曼的可爱形态，也可见出志摩对小曼浓浓的爱。

这几篇短文，小曼，大都是在你的小书桌上写得的。在你的书桌上写得，意思是不容易。设想一只没遮拦的小猫尽跟你捣乱：抓破你的稿纸，踹翻你的墨盂，袭击你正摇着的笔杆，还来你的鬓发边擦一下，手腕上龈一口，偎着你鼻尖"爱我"的一声又逃跑了！但我就爱这捣乱，甜蜜的捣乱，抓破我的手背我都不怨，我的乖！

（蔷薇眉批：幸福的小猫哟）我记得我的一首小诗里有"假如她清

风似的常在我左右",现在我只要你小猫似的常在我左右!

你又该撅嘴生气了吧,曼,说来好像拿你比小猫。你又该说我轻薄相了吧。凭良心我不能不对你恭敬地表示谢意。因为你给我的是最严厉的批评(在你玩儿够了的时候),你确是有评判的本领,你从不容我丝毫的"臭美",你永远鞭策我向前,你是我字业上的诤友!新近我懒散的不成话了,也许这就是驽马的真相,但是曼,你不妨到时候再扬一扬你的鞭丝,试试他这赢倒是真的还是装的。

每当志摩自读自赞,小曼就说他"臭美",其实内心里她还是对徐志摩的作品充满崇拜的。待到志摩死后她才说出几句心里话,她如别人一样崇拜他,她觉得他的东西比一般人来得俏皮,体格高超,几首诗写得像活的一样,"有些神仙似的句子看了真叫人神往,叫人忘却人间有烟火气"。

小曼的这种小心思,志摩大概是懂的,所以才会一边被骂"臭美",一边洋洋自得。做作的吹捧留给外面的小女生,真正爱你的身边人再没有必要说那些场面上的话,志摩当成是鞭策,其实更多的是"撒娇",对于最亲的人,自己骂骂可以,若是别人骂,她早就不饶了。她为他自豪,也为自己拥有这样一位诗人沾沾自喜。

诗人的朋友老诗人泰戈尔来上海看望他们,小曼为他精心布置的印度风格的房他不住,偏要住进他们的中国式卧室。老诗人和蔼可亲,慈爱地抚着小曼的头,管她叫小孩子,三个人彻夜长谈,小曼听到了很多不易听到的新鲜事儿,还让她的英语有了进步。有印度朋友请泰戈尔吃饭,他总是叫徐志摩与陆小曼同去,他跟人说:"这是我的儿子和儿媳。"

泰戈尔从美国回来又住了两天,因为受美国社会的抵制,他的情绪有些悲伤，志摩和小曼也同他一起悲伤。志摩曾对郁达夫说："诗人老去，又遭了新时代的摈斥，他老人家的悲哀，正是孔子的悲哀。"

亲情，正如《大河恋》中说的，我们不理解他，但我们爱他；但是友情却是以理解为基础的，人以群分，惺惺相惜。

多年后，泰戈尔的孙子写信给陆小曼，希望拿几本徐志摩的散文和诗到印度，翻译成印度文，可惜小曼当时在病中，没有及时收到信。等后来再回信时，已经投递无人，就从此失了联系。小曼说："从这一点也可以证明泰戈尔的家里人都拿志摩当作他们自己人一样的关心，朋友的感情有时可以胜过亲生的骨肉。"这再次证明小曼先前极其认同的"倒是朋友的爱较能长久"。

双栖各梦

终归苦多乐少。

徐志摩在信中说："你如能真心帮助我，应得替我想法子，我反正如果有余钱，也绝不自存。我靠薪水度日，当然梦想不到积钱，唯一希冀即是少债。"他的经济捉襟见肘，早已入不敷出。1926 年结婚，1927 年、1928 年快乐的日子渐渐式微，直到 1930 年徐志摩辞去上海和南京的教职，应胡适之邀去北京大学任职。为了生计，徐志摩奔波于上海和北京之间，消磨了志气和灵气，他说："我在狠命写《醒世姻缘》序，但笔是秃定了，怎样好？诗倒是作了几首，北大招考，尚得帮忙。"这是朋友们都看到的，所以劝他到北京来，然后又劝他把小曼也接来北京。

徐志摩自己害怕自己会泯然众人矣！在给陆小曼的信中说："安乐是害人的……我的笔尖再没有光芒，我的心上再没有新鲜的跳动，那我就完了……

要知道堕落也得有天才，许多人连堕落都不够资格。我自信我够，所以更危险。因此我力自振拔，这回出来清一清头脑，补足了我的教育再说——"他也希望小曼尽她的力帮助他往清明的天空上腾，所以一直希望小曼来京，但是小曼置若罔闻。

志摩1931年6月25日信中说："你说是我甘愿离南，我只说是你不肯随我北来。结果大家都不得痛快。但要彼此迁就的话，我已在上海迁就了这么多年，再下去实在太危险，所以不得不猛省。"他是不想再陪小曼在上海沉沦了，他要奋起，且有信心，不但是为自己，也为小曼光鲜。他更希望小曼争口气，能做成点事，羞羞这势利的世界，"再说到你学画，你实在应得到北京来才是正理。一个故宫就够你长年揣摩。眼界不高，腕下是不能有神的。凭你的聪明，绝不是临摹就算完毕事。就说在上海，我也得想法去多看佳品。手固然要勤，脑子也得常转动，才能有趣味发生"。志摩随身带了小曼的山水画长卷，到处给人看，找名人题字，有人夸，他心里就欢喜。

徐志摩为了来回便利，就从航空公司财务组主任保君健那里拿到一张名片，上面写明不论哪次邮政班机，他都可以搭乘。小曼听了此事，心里非常不安，对他说："我不许你坐飞机，快把保君健的名片给我。"

志摩说："你也知道我们的经济条件，你不让坐免费飞机，坐火车可是要钱的啊，我一个穷教授，又要管家，哪来那么多钱去坐火车呢？"

碰到实质问题，小曼也没办法，只得说："心疼钱，那你还是尽量少回来吧。"

但事实是不可能的，家里还有一摊子事要他来收拾。1931年上半年，志摩就上海、北京两地来回奔波了八次，但是他们之间的结没有好好去解，仍旧隔阂。陆小曼给徐志摩一封信中说："近日甚少接家书，想必是侍候他人格外忙了，故盼行动少自尊重，勿叫人取笑为是。"

徐志摩母亲病重，他特赶回探望，但是徐申如不让陆小曼来，说如果小曼来他就走。志摩很生气但碍于母亲的病，不便发作。考虑到父亲是吃软不吃硬的人，想叫小曼去父亲在上海的住处提出申请，小曼在这一点还是识大体的，情愿自己受点儿委屈。可是去了，正巧公公不在。

没多久徐母过世，小曼赶到海宁硖石，徐父不让她进家门，她只能暂住旅馆，当天就回了上海。葬礼那天，张幼仪作为正牌媳妇，捧灵送葬，可见小曼在徐家是没有一点地位的。这对小曼打击甚大，自己好歹也是胡适介绍梁启超证婚才走进徐家的媳妇，离婚了的倒比她有名有分，这怎么能不是羞辱？

徐志摩写信安慰："我家欺你，即是欺我。这是事实，我不能护我的爱妻，且不能保护自己。我也懊懑得无话可说，再加不公道的来源，即是自己的父亲，我那晚顶撞了几句，他便到灵前去放声大哭。"

虽然志摩极尽安慰，但也给他们的关系蒙上阴影。后来徐申如五十九岁大寿，也未邀请小曼。

小曼郁闷，与翁瑞午带了她的两个堂侄子去杭州游玩，志摩理亏在先，也不好说什么，只得酸溜溜地说："娘子一人守家多可怜，但我希望你游西湖心快活。身体强健。"

徐志摩继续要求小曼北上，他说她到北京后，保证她从此振拔，脱离痼疾，两人互相友爱从此海阔天空。但小曼却把徐家让她受的气撒到志摩身上："北京对你而言，当然是'有意思的多'，对我又有什么呢？"志摩说，朋友都说你是"聪明有余，毅力不足"，你何不拿出实际行动来，让他们受一惊。小曼说："什么毅力，全叫老爷子给磨灭了。哪个家庭，连婆婆过世，媳妇都不能来送葬；哪个家庭，公公做寿，不允许媳妇来拜寿，只有你们徐家。"志摩没声音了，独自北上。

世间事，哪里争得清，能提的，不能提的，全都窝在心里，一个人冰冷了多少岁月。

徐志摩后来连续写了几封信，"我如此忙，尚且平均至少两天一信，你在家能有多少要公……连个恶心字也不来……"他埋怨小曼没有照管好"自家老爷"，他的衣服没有装在箱子里，小曼只回了一封，口气也不那么热情：

顷接信,袍子是娘亲手放于箱中,在最上面,想是又被人偷去了。家中是都已寻到一件也没有。你也须察看一下问一问才是，不要只说家中人乱，须知你比谁都乱呢。现在家中也没有什么衣服了，你东放两件西放两件，你还是自己记记清，不要到时来怪旁人。我是自幼不会理家的，家里也一向没有干净过，可是倒也不见得怎样住不惯。像我这样的太太要能同胡太太那样料理老爷恐怕有些难吧，天下实在很难有完美的事呢。

玉器少带两件也好，你看着办吧。既无钱回家何必拼命呢，飞机还是不坐为好。北京人多朋友多玩处多，当然爱住，上海房子小又乱地方又下流，人又不可取，还有何可留恋呢！来去请便吧，浊地本留不得雅士，夫复何言！

满篇讽刺挖苦，却也流露出对志摩的关切，"飞机还是不坐为好"，"不坐为好"下面画了四个着重号。

从他们夫妇俩最后的通信交流中品味到他们间的爱意和彼此的关心。"人非草木，孰能无情。"外界传闻他们失和的消息，徐志摩曾写信给上海报界钱芥尘，"事实是我们不但从未'失和'，并且连贵报所谓'龃龉'都从来没有知道过"。志摩一直在挽回，他对小曼是存有爱意的，更多的是亲情，他说:"我的愁大半是为你在愁,只要你说一句达观话,说不生我气,我心里就可舒服。乖,至少让我们俩心平意和地过日子,老话说得好,逆来要顺受。"

有一天,志摩信中说:"我不在家中,不能与你对饮一杯蜜酒,为你庆祝安康。"秋风习习,冷月高悬,志摩更觉百无聊赖,独处惆怅,设想在水一方的小曼也当如此,他绵绵的思念之情不由得溢于纸上。

> 我一人在此,亦未尝不无聊,只是无从诉说。人家都是团圆了。叔华已得了通伯,徽因亦有了思成,别的人更不必说常年常日不分离的。就是你我,一南一北。

鲜花再美,那也是别人家的。想着人家有自己的丈夫陪着,不由得寂寞,记起了自己的妻。繁花过眼,不如怜取身边人。家就是家,不论有过多大痛苦,他们都相互爱恋。喜欢是激情,汹涌的爱也是激情,只有等到爱沉淀下来,变得深沉,变成下意识的举动,才会持久,而这需要时间,一般是在一起生活过所产生的一种亲情,这种感情是打断骨头连着筋的。

所以别人的劝离都是无稽之谈,志摩坚决不许,而小曼也是真爱他的。尽管心中多有不满,还是心疼他,为他担心,她的心是再柔软不过了!她已经决定北上,但是这封信永远寄不到志摩手中了。

刹那死别

劳伦斯说:"爱得愈深,苛求得愈切,所以爱人之间不可能没有意气的争执。"记得一部电视剧的宣传语是:由爱生恨,由怜生爱。爱极转恨是再平常不过的事情,尤其是在"我执"太深的人身上。

徐志摩对林徽因诉说陆小曼的不是,也有着气极而恨吧。陆小曼更是对他恶语相向。

据郁达夫回忆说:"当时陆小曼听不进劝,大发脾气,随手把烟枪往徐志摩脸上掷去。志摩连忙躲开,幸未击中,金丝眼镜掉在地上,玻璃碎了。"徐志摩一怒之下,负气出走。

与他所期待的相差太远,他本来安排的会面是这样的:

> 我真恨不得今天此时已到你的怀抱——说起咱们久别见面,也该有相当表示,你老是那坐着躺着不起身,我枉然每回想张开胳膊来抱你亲你,一进家门,总是扫兴。我这次回来,咱们来个洋腔,抱抱亲亲如何?这本是人情,你别老是说那是湘眉一种人才做得去……况且你又何尝是没有表情的人?你不记得我们的"翡冷翠的一夜"在松树七号墙角里亲别的时候?我就不懂何以做了夫妻,形迹反而得往疏里去!

翁香光说:"陆小曼的性情颇为温柔,用烟枪打徐志摩的眼镜之事是不可能的,且陆小曼对徐志摩的生活起居一向不干涉。"志摩的日记中也经常说到小曼是极温柔的一个人,且宽宏大量。

徐志摩这一负气,悲剧就造成了。

他先去张歆海、韩湘眉家狂谈到深夜十二点,随后往何竞武家。本来打算乘张学良的福特式飞机回北京,临行前接到通知,航班因事改期。先前小曼劝他乘火车走,但是为了赶上林徽因次日晚上在北京协和小礼堂向外宾作的关于中国古代建筑艺术的讲演,才于第二天迫不及待地搭乘了一架免费邮政飞机。在登机前,他给小曼发了一封短信:"徐州有大雾,头痛不想走了,准备返沪。"但最终还是走了。因大雾影响,为了寻找航线,驾驶员一再降低飞行高度。忽然,飞机撞在济南西南的北大山上,立即爆炸起火,徐志摩和机上的两位驾驶员一同罹难。时1931年11月19日,徐志摩三十四岁,小曼二十八岁。

听到这个消息,小曼一下子昏厥了。她醒来之后号啕大哭,直到把眼泪哭干。

人生无常,巨大的不幸在你毫无准备的情况下降落,山崩地裂的震动,一刹那的晕眩。

我们行李存在车站上,以为过后再回去拿,却发现再也回不去了。

王映霞曾描述她当时的模样:"见到我们挥挥右手,就算是招呼了,我们也没有什么话好说,在这场合,说什么安慰的话都是徒劳的……小曼蓬头散发,大概连脸都没有洗,似乎一下老了好几个年头。"

对于小曼悲伤的状况,连大散文家郁达夫也难以描摹,他说:"悲哀的最大表示,是自然的目瞪口呆、僵若木鸡的那一种样子,这我在小曼夫人当初接到志摩凶耗的时候曾经亲眼见到过。"

小曼清醒后,坚持要去山东党家庄接志摩的遗体,被朋友和家人死命劝住,她身体不好,不能再受刺激。最后由志摩的儿子徐积锴去接回。

12月20日,在上海万国殡仪馆大殓,并在静安寺举行了公祭。在灵前哭倒两个人,一个是陆小曼,一个是张幼仪。

小曼作为亡妻作了一副挽联:

多少前尘惊噩梦,五载哀欢,匆匆永诀,天道复奚论,欲死未能因老母;

万千别恨向谁言,一身愁病,渺渺离魂,人间应不久,遗文编就答君心。

现场唯一的遗物是一幅山水画长卷，小曼拿到这幅画卷更是痛哭一场。这是小曼1931年创作的，志摩随身带着，打算到北京后找人加题跋，因放在铁箧中，故物未殉。他待小曼的好，怎能不一一记起。这仿佛一种预示，志摩在天之灵，唯一物尚存，千帆过尽，他最爱的人还是陆小曼吧。

小曼珍藏着这幅画如同生命。

它的题跋更可贵，有邓以蛰、胡适、杨铨、贺天健、梁鼎铭、陈蝶野等人手笔。邓以蛰为之装裱，并加跋："华亭端的是前身，绿带阴浓翠带醺，肯向溪深林密处，岩根分我半檐云。"胡适在他之后题："画山要看山，画马要看马，闭门造云岚，终算不得画。小曼聪明人，莫走这条路，拼得死工夫，自成真意趣。小曼学画不久，就作这山水大幅，功力可不小！我是不懂画的，但我对于这一道却有一点很固执的意见，写成韵语，博小曼一笑。"杨铨接着题了一首诗，与胡适唱反调："手底忽现桃花源，胸中自有云林泽；造化游戏成溪山，莫将耳目为桎梏。小曼作画，适之讥其闭门造车，不知天下事物，皆出意匠，过信经验，必为造化小儿所笑了。"梁鼎铭也是针对胡适的论点而发的："只是要有我自己，虽然不像山，不像马，确有我自己在里，就得了。适之说，小曼聪明人，我也如此说，她一定能知道的，适之先生以为何如？"……

虽有褒贬，但谑情都含着对小曼的宠爱。

徐志摩一死，大家都把矛头对准陆小曼，批评、指责小曼，甚至有些朋友都不愿意再与她来往。如徐志摩好友何竞武，一直不肯原谅小曼，他认为是陆小曼勾留上海不肯北上才导致悲剧上演。其实徐志摩失事不能全怪陆小曼，明眼人不人云亦云，仔细分析便可知。

小曼劝志摩坐火车，他不听，为了听林徽因的讲座明知雾天还搭免费邮政机。小曼就曾说："志摩之死，死于林，死于情者也。"陆小曼为林背了第二次罪名。只有张幼仪还算明理，她说："我对陆小曼并没有敌意，她和徐志摩之间发生什么事，是他们的事，因为我已经和他离婚了。陆小曼晚我三年离婚，那个时候中国已经变得很不一样了，为了自由恋爱，离婚成了时髦风气。她能够和她的丈夫离婚，改嫁徐志摩，我为她高兴。"小曼说志摩死于林不无道理，林徽因的弟弟林宣也说过较为公正的话："他（徐志摩）到香山跟我姐叙旧，舒舒心气。他还说了很多陆小曼的不是。陆小曼也有优点嘛，他都不提。"志摩不过是为了讨好林。

凌叔华也曾为小曼写文章抱屈，并致函陈从周说："可惜小曼也被友人忽视了，她有的错处，是一般青年女人常犯的，但是大家对她，多不原谅。"

陆小曼的母亲更为女儿抱不平，她认为："志摩害了小曼，小曼也害了志摩，两人是互为因果的！"指责小曼的人都是志摩的朋友和幼仪的亲故，都是写文章的，而陆家失势，只能忍气吞声。

郁达夫的话比较宏观，他说："情热的人，当然是不能取悦于社会，周旋于家室，更或至于不善用这热情的，志摩在死的前几年那一种穷状，那一种变迁，其罪不在小曼，更不在志摩自身……"是社会借名教作商品的劣根性，世人不理解他，不懂得欣赏他。

自古文人多没钱，知识分子不受重视，郁达夫的抱怨是对整个传统的抱怨，对整个社会的不满。

没有人看得这么远，作为普通人，我们也可以想见，即使小曼节俭，志摩只坐一次飞机，也保不定飞机不失事。有人说名媛犹如名花，小曼不是普通女子，娇养的名花本就需要供养，志摩养不起并不代表小曼不值得养。不过换一个角度想想，小曼若爱志摩，应该如他所请求，为他想个法子，缩减一下开支。但从小优裕惯了，享受富贵、享受名气、享受爱情，她所拥有的一切，在她看来是理所当然的，她从来没有为钱的事苦恼，花惯了，刹不住手了，无可奈何。

其实他们只是精神上的伴侣，他们在一起更多的是灵魂的吸引，在生活上并无多少共同之处。陆小曼心气高傲，从小立志要享受别的女人没有享受的生活。而徐志摩则认为"爱，在俭朴的生命中，是有真生命的；在奢华的生活中，即使有爱，不能纯粹，不能自然，像是热屋里烘出来的花，一半天就有衰萎的忧愁"。这也是他们婚姻悲剧的原因之一。

然而，即使是炼狱，也要在其中走上一遭，这就是郁达夫所谓的"情热的人"。他们要的不是现世安稳，而是飞蛾扑火。冲破艰难险阻，绚丽的爱已经披上疲惫和哀伤的颜色，伤痛、流泪，却也无悔吧。

人生无悔，便是值得过的，管他世俗意义上的成败。陆小曼起点很高，但是纵观她的一生，不得不说是出悲剧，这悲剧是她自己造成的，生活懒散，吸食鸦片，没有自控力，没有人生理想。但是，她的一生基本都是遵从于自己的内心去生活的，恣肆汪洋。比起那些有着小聪明和小心计，辗转于男人间的智慧的人，更让人佩服。

小曼是性情中人，做事只凭一念之间，不理会世俗的约束，也难怪会留下那么多污名。她又是宽容仁厚之人，徐志摩的死使她变得冷静、理智，她已看透周围对她不利的反响，但是她无动于衷，默默承受，从不辩护，志摩的死已让她心灰意冷，也懒得辩解什么了。沉重的打击让她有人生如梦的感觉。"人生本是梦，梦长与梦短而已，还不是一样地一天天过去。等待着梦醒，好与坏还不是一样！"志摩死了，她也醒了。抛开这些客观原因，志摩的死到底与自己脱不了干系，她内疚："我没杀志摩，志摩为我而死。"

悔之不及

徐志摩说：诗人中间很少寻得出一个圆满快乐的人。他平生最崇拜英国的雪莱，尤其奇怪的是他一天到晚羡慕他覆舟的死况。他说："我希望我将来能得到他那样刹那的解脱，让后世人谈起就寄予无限的同情与悲悯。"他的这种议论无形中给陆小曼一种对飞机的恐惧心，所以她一直不许他坐飞机，"谁知道他终于还是瞒了我愉快地去坐飞机而丧失了生命"。他是在刹那间解脱了，留下小曼沉入黑暗的甬道。

在众多悼念文章中，小曼的文章最引人注目，一篇《哭摩》字字血，声声泪，饱含着愧悔交加。她肝肠寸断地写道：

> 我深信世界上怕没有可以描写得出我现在心中如何悲痛的一支笔，不要说我自己这支轻易也不能动的一支。可是除此我更无可以泄我满怀伤怨的心的机会了，我希望摩的灵魂也来帮我一帮，苍天给我这一霹雳直打得我满身麻木得连哭都哭不出，浑身只是一阵阵的麻木。几日的昏沉直到今天才醒过来，知道你是真的与我永别了。
>
> 摩！漫说是你，就怕是苍天也不能知道我现在心中是如何的疼痛，如何的悲伤……

或许冥冥中真有一股心灵的力量，能够穿越时空，到达最在意的人身边。陆小曼曾跟表妹吴锦讲起一件奇怪的事情：徐志摩坠机那天中午，悬挂在家中客堂的一个相框掉下来，里面镶着志摩的相片，相架跌坏了，玻璃碎片散落在志摩的相片上。小曼预感到这是不祥之兆,嘴上不说,心却跳得厉害,不知道将有什么事要发生了。第二天一早,航空公司的保君健就跑来告诉小曼这个噩耗……

沈从文在给友人王际真的信中曾写道:志摩11月19日11点35分乘飞机撞死于济南附近开山。飞机随即焚烧,故二司机成焦炭,志摩衣已尽焚去,全身颜色尚如生人,头部一大洞,左臂折断,左腿折碎,照情形看来,当在飞机坠地前人即已毙命。

所有的规劝都没有用的时候,晴天霹雳来震一震随波滑行的心。经历了惨痛的打击之后,小曼如梦初醒,她闭门不出,终身素服,每日供着志摩的遗像,给他供上鲜花。"艳美的鲜花是志摩的,他是永远不会凋谢的,所以我不让鲜花有枯萎的一天。"她在玻璃板下压了一张她用正楷写的白居易的诗:"天长地久有时尽,此恨绵绵无绝期。"

有些话不是说说的,说是谶言,更是心曲,一以贯之。记得早些年还在热恋时期,志摩曾问小曼:我死了你怎么办?小曼说我也死,但后来又说:我不能死,因为还有娘。我会把自己"关"起来,再不与男人们来往。志摩说:门关得上,也打得开。但是小曼的门是打不开了,她果真再也没去一次娱乐场所,没再跳一次舞。陆小曼对徐志摩的情感坚定不移,矢志不再嫁,任何事情都不能动摇她对志摩的忠诚。

1933年清明,陆小曼来到硖石,给志摩上坟,站在东山万石窝前,远望徐家为他们新婚建造的"香巢",眼泪夺眶而出。她作诗云:

肠断人琴感未消,此心久已寄云峤。
年来更识荒寒味,写到湖山总寂寥。

没有了志摩,一切都变得索然无味。她的日月彻底变得孤单了。

完了，完了，从此我再也听不到你那叽咕小语了，我心里的悲痛你知道么？我的破碎的心留着你来补呢，你知道么？唉，你的灵魂也有时归来见我么？那天晚上我在朦胧中见着你往我身边跑，只是那一霎眼的就不见了，等我跳着，叫着你，也再不见一些模糊的影子了。咳，你叫我从此怎样度此孤单的日月呢？真是叫天天不应，叫地地不响，苍天如何给我这样惨酷的刑罚呢！

刑罚是残酷的，悔之不及。

像传说中的，太过幸福而又不懂得珍惜就被收回去了。任性的小曼刹不住车，她在自己的意气里沉沦，还以为日子永远暖和。"我早知道他会死，我就多写一点了"，我早知道他会这么快离开我，我就会少计较一些了。时间是单向行驶，再也回不去了，人间最痛莫如悔不当初，这就像得到了又失去，不如不曾得到。真正的叫天天不应，叫地地不灵。与其说是自己的痛苦，不如说是对亡者的心疼，什么样的痛苦都能熬过去，唯一过不去的是对所爱之人的心疼。

世事无常，我们应该把每一个此刻当成最后一天来过。记得李叔同与印光法师同坐吃饭，印光法师吃完蒸饭，又倒了点水涮涮吃下去，李叔同学着他的样子也倒了点水，涮涮吃下去，印光法师温厚地笑着对他说："要惜福呀！"惜福之人才有福，古人有谓："井涸而后知水之可贵，病而后知健康之可贵，兵燹而后知清平之可贵，失业而后知行业之可贵。凡一切幸福之事，均过去方知。"当下所拥有的都是一种福分，不知道什么时候这种福分就会因无常而失去，与其过后追忆思悔，不如珍惜现在，一念知足。

亡羊补牢，总比痛哭流涕直到所有的羊丢失掉好，所以小曼准备为志摩做点什么，这一做就是十年。"遗文编就答君心"，为了让志摩的作品流传下去，她着手编《志摩全集》。这是一项浩大的工程，一件非常棘手的事情，志摩的诗文散发在各种杂志报纸上，没有留底稿，收集起来很不容易，还有他与友人的来往信件——一方面志摩的死让朋友们疏远了小曼，另一方面人走茶凉，对于他的全集朋友们并不热心，尤其是关涉自己的隐私，更不愿意往外拿。何况小曼的身体又差，又没有经济支撑。在家里依靠父母，出嫁后依靠丈夫，现在她要独立了。

志摩过世的两个月里，她果然下了一些功夫，天天画画。她画的扇面与众多老前辈的放在一起，卖十几元一把，居然不到一个星期就卖完了，还有外省的人来预订。

徐家人把志摩的死都怪到小曼头上来，由胡适交涉只答应每月给两百大洋。大房子不能住了，她还算起了小账，给胡适的信中说"大约也少志摩三百块钱"，并让胡适去北大要志摩的工资。

小曼曾对去看望她的女作家赵清阁说："我在上海简直没有朋友，于是每天在绝对的寂寞中度过，上午睡觉，下午起来看看书，作作画，夜间便通宵伴着孤灯抽烟，喷雾，让烟雾迷漫整个心灵。"原本在一起玩闹的那些朋友只是酒肉朋友，怪不得志摩不喜欢她的朋友，他曾劝她："朋友走进你屋子东张西望时，他不是诚意来看你的。"

徐志摩虽然也是忠厚温柔之人，一片赤子之心，但终究比陆小曼多一层对世故人心的了解。小曼在编全集期间，曾对赵清阁讲起一个奇异的梦："我开始编辑《志摩全集》的时候，有一天晚上，我梦见了志摩，清清晰晰的他好像活着一样地洒脱，聪明的神气，我仿佛在书案上看他的稿子，他从我的背后走过来拍拍我说：'我真感激你，你这样辛苦地为我编全集，可是这不是一件简单的事，你不必太热心了，尤其不能抱过大的希望。'我听了他的话不明白，我问他：'为什么？'他笑了笑说：'人在世情在，人亡世情亡，全集的材料不全，你必须求朋友帮忙，这就会使你失望，我可以告诉你，日记一部分需要三年工夫，小说有一本永远没有办法；再加上其他种种原因，恐怕九年以后能成功，不信你等着瞧吧！'当时我真的不信，所以醒后我一点不以为然。我仍旧积极地工作，直到后来，甚而直到现在我才完全相信了，事实果然不错，志摩在世是智慧过人的，死后依然过'人'！"

人情张张薄似纸。

徐志摩死后，小曼最先求助的是胡适，他是志摩最好的朋友，也是两人结合的功臣。而且胡适有一定的声望，可以帮她讨要一些信件和日记。小曼在文艺上是极有天赋的,再加上志摩的熏陶,小曼的文风正如胡适的调侃"小曼的文笔已有了散文大家徐志摩的神韵了"，一篇《哭摩》已是秾丽哀婉，写给朋友的信也是伶俐婉约。

> 苍天因何绝我如斯！想我平生待人忠厚，为人虽不能说毫无过失，也从不敢做害人之事，几年来心神之痛苦也只是默然忍受，盼的是下半世可以过些清闲的岁月，谁知苍天竟打我这一下猛烈的霹雳，夫复何言？天有眼，地有灵，难道没有慈悲之心么？叫我怨谁好，恨谁是！命也运也，先生，我万想不到会有这等事临到我头上来的，我，我还说甚么？上帝好像只给我知道世上有痛苦，从没有给我一些乐趣，可怜我十年来所受的刺激未免太残酷了，这一下我可真成了半死的人了，若能真叫我离开这可怕的世界，倒是菩萨的慈悲，可是回头看看我的白发老娘，还是没有勇气跟着志摩飞去云外，看起来我的罪尚未了清，我只得为着他再摇一摇头与世奋斗一下，现在只有死是件最容易的事了，我还是往满是荆棘的道去走吧。
>
> 我，生前无以对他，只得死后来振一振我这一口将死的气，做一些他在时盼我做的事吧。……咳，先生！我希望你也给我些最后相助……

陆小曼的语气有点声嘶力竭，可见她的绝望和无助，也有对胡适的信任。过了几天，胡适回信，鼓励她奋起，但也表示了对她独自编《志摩全集》的担忧。小曼立刻回信表示自己的决心，"现在我也不爱多讲，因为不信的是始终不信的，事情只在做不在说，就是说破嘴，不信的还是不信，大家等着将来看吧……究竟我不是一个没有志气的人。"

她告诉胡适，一个没有经验的她不敢负此重任，但是她可以编日记和信件，并要胡适带来。

但是胡适迟迟不把志摩和她的日记交给她，小曼不由得不满了。"文伯说叔华等因摩的日记闹得大家无趣，我因此很不放心我那一本，你为何老不带回我，岂也有另种原因么？这一次求你一定赏还了我吧。"

第四章 | 昔日戏言身后事

"全集"既没有出版,唯一的那本《爱眉小札》也因为"良友"的停业而绝了版,志摩的书在市上简直无法见到,我怕再过几年人们快将他忘掉了。

——陆小曼《序〈志摩日记〉》

日记风波

徐志摩和陆小曼的日记为什么会在胡适的手上呢?

1925年徐志摩去欧洲,临行前到凌叔华家,对她说:"这个箱子里的东西麻烦你替我保存。"凌叔华取笑他有两个"红颜知己",怎么还把东西放她这里?志摩说:"里面有些是小曼不能看的,有些是徽因不能看的,所以放在你这里最好。"

这句话多狡猾,他与林徽因的事瞒着小曼,与小曼的事又瞒着林徽因。他也知道,有些事情,知道了总会伤心。金庸笔下的任盈盈只是虚构,自己爱上的人曾经或者正在爱着另外一个人,确实是一种刺激,志摩是贴心的,也是谦卑的,所以他懂得照顾爱人的心理。不像恬不知耻的胡兰成,对张爱玲讲他的小周如何如何乖巧,他的范秀美如何如何贤惠,他说爱玲"糊涂得不知道妒忌"，而且喜欢有人爱他；志摩也不像列文，实在地把过去和盘托出，列文太坦诚，是因为过去已经不在他心中了，他对基蒂是绝对的一心。但志摩的心里却仍旧存在着林徽因，所以无法如此坦荡。再延伸一下，他有背着林徽因的话，也有背着陆小曼的话，却没有背着凌叔华的话，这才是最单纯的红颜知己。

凌叔华不是《金枝玉孽》里的香浮，她开朗、坦荡，爱自己的丈夫，对志摩，一波清水而已。所以，她让徐志摩觉得信任、轻松、舒服，把最深的秘密放在她这里，因为这秘密与她无关。（林徽因飞美国后，徐志摩异常苦闷，急需倾诉，他与凌叔华相识半年，通信七八十封，志摩对徽因和小曼都是狂热的，但对凌叔华，却是清醒的珍惜。）

1928年，志摩再次去欧洲，仍旧于临行前把一些日记和文稿交给凌叔华保管，他当时开玩笑说："你得给我写一传，若是不能回来的话，这箱里倒有你所需的证件（日记、文稿等）。"凌叔华一听就骂他说话不吉利，也可见志摩此时的心情有些灰色，因为陆小曼与翁瑞午的绯闻。

这箱东西就是徐志摩的"八宝箱"，内里有未给第二人读过的日记本和散文稿件多沓，被凌叔华称为"文字因缘箱"，聚积着徐志摩的潜在情感，隐而不能发。凌叔华曾写信给胡适说："志摩于一九二五年去欧时，曾把他的'八宝箱'交我看着，欧洲归，与小曼结婚，还不要拿回，因为箱里有东西不宜小曼看的，我只好留下来，直到去上海住，仍未拿去。"

志摩一死，各方都来讨要日记了。

林徽因的理由是，"大半年前徐志摩和我谈到他们英国的一段往事，说到他的'康桥日记'仍在，回硖石时可找出来给我看"。志摩说过要给她看的，她就有了看的权利，所以就托胡适向凌叔华讨要。

但是，凌叔华谨记徐志摩的关照，不能把"八宝箱"给林徽因和陆小曼其中的任何一个，当然更不能给别人看。如果一定要给的话，也应该是给陆小曼，因为小曼是志摩的未亡人，理应继承丈夫遗留下的东西。

后来胡适催得紧，凌叔华只好将徐志摩的箱子交给了胡适，胡适又把箱子交给了林徽因。小曼也曾在信中提道："叔华来信想将她那里的信送我，我真是万分地感谢她，在此人情浅薄的时间，竟有她这样的热心，叫我无以相对。"不知道胡适是什么心理，竟然把徐志摩的东西全给了林徽因，而且箱中包括小曼的两本日记（当然小曼的日记上有对林徽因"颇有微词"的段落），不合情不合理。

胡适也因志摩的死而怪罪陆小曼吗？是他的精明让他站对队，不站在失势的小曼一边了，还是感觉她只是玩玩，最后终究什么也做不成？不得而知。

小曼猜测着，信里都有了乞求的口气："先生我同你两年来未曾有机会谈话，我这两年的环境可说坏到极点，不知者还许说我的不是，我当初本想让你永久地不明了，我还有时恨你能爱我而不能原谅我的苦衷与外人一样的来责罚我，可是我现在不能再让你误会下去了，等你来了可否让我细细地表一表？因为我以后在最寂寞的岁月愿有一二人能稍微给我些精神上的安慰。"因为她能求助的人实在不多了，她希望他"在百忙中能将日后的办法好好地安排一下"。她自己的脑子都有些麻木了，有时心痛起来眼前直是发黑，"心是真的会痛如刀绞的"。正如信中所言："叫我真不能一日活，我的眼泪也已流干，这两日只是一阵阵的干痛，哭笑不能，先生盼你救我一救吧！"

在陆小曼的催促下，胡适把"八宝箱"中小曼的两本日记还给了她，但其他东西就不说起了。直到1935年10月间，陆小曼和赵家璧合作收集、整理、编辑的《志摩全集》已经差不多了，陆小曼还在请胡适把留在别人手里的志摩日记和志摩给北方朋友的信、给胡适的信提供出来，胡适对此不置可否。

当然在以后的日子，小曼渐渐了解了胡适的做法，对他也就疏远了。最终日记、书信也没有收全，小曼调侃着说："其他日记倒还有几本，可惜不在我处，别人不肯拿出来，我也没有办法，不然倒可以比这几本精彩得多。"

这个"别人"就是指林徽因了。

林徽因拿到箱子打开一看，有陆小曼的两本日记、徐志摩的三本英文日记，其中一本即是她要找的"康桥日记"，从1921年7月开始写的。她一看就生气了，这明显是凌叔华做了手脚，日记前半部分没了。

没过多久，凌叔华想编一种"志摩信札"，去林徽因家里要徐志摩给林徽因写的信，林徽因告诉她信大多在天津，而且多是英文，怕一时拿不出来。如此凌叔华很不开心。

之后，林徽因提议到凌叔华家去取那半本日记，可是到了之后，凌叔华却不在家，只留了一封信，大意是因三四年中四方奔走，家中书物堆积如山，需得闲仔细检一下才能找出来，这两天人事烦扰，等到周末再翻寻吧。

林徽因看了这封信，"气得通宵没睡着"，可见林徽因也不是面上表现出来的娴静雍容吧。她又去找胡适告状，胡适又向凌叔华施加压力，无奈，凌叔华交出前半本"康桥日记"。林徽因看到日记到关键的地方，正巧在徐志摩刚要遇到她的前一两天，却没了文字，又气得半死。她连续写信给胡适，步步紧逼："现在无论日记是谁裁去的，当中一段缺了是事实，她没有坦白地说明，对那几句瞎话没有相当的解释以前，她永有嫌疑的（*志摩自己不会撕的，小曼尚在可问*）。"

胡适又出面了。凌叔华被弄得疲惫不堪，本来受志摩之托，就要尊重志摩生前的意思，可是现在别人还以为她居心不良。她写信给胡适：

适之：
　　外本璧还，包纸及绳仍旧样，望查收。此事以后希望能如一朵乌云飞过清溪，彼此不留影子才好。否则怎样对得住那个爱和谐的长眠人！

> ……算了，只当我今年流年不利吧。我永远未想到北京的风是这样刺脸，土是这样迷眼。你不留神，就许害一场病……

使她感到刺脸的自然是林徽因，她对林徽因极为不满，对胡适也有不满。

收到这半本，胡适一查，仍旧少四页，他也生气了，勉强忍耐着，写信讨要这些脱页，并在日记里指责：这位小姐到今天还不认错。

此事来来回回折腾，最终也没有一个完美的结局，还弄伤了几个朋友的感情。

直到1982年凌叔华还对此事耿耿于怀，她写信给徐志摩的表妹夫陈从周，讲述了事情的整个经过：

> 我说我应该交给小曼，但胡适说不必，他们人多势众，我没法拒绝，只好原封交与胡适。可惜里面不少稿子及日记，世人没见过面的，都埋没或遗失了。

与小曼的坦荡相比，林徽因费尽心机把自己那部分日记隐藏起来，太小家子气了，她怕志摩日记公开了，对她不便，可见她对自己与志摩关系的介意程度。活着的时候，为朋为友，死了，还是自己的声名最重要。所以她格外逼胡适让凌叔华交出来。而小曼却要还原一个真实的历史，毫不隐瞒地把日记公开了，心胸坦荡、宽宏。

> 他（胡适）说要为志摩整理出书纪念……同时我知道如我交胡适，他那边天天有朋友去谈志摩的事，这些日记恐将滋事生非了。因为小曼日记内也常记一些是是非非，且对人无一点包涵（里面当然有褒贬林徽因的日记）……

凌叔华因为徐志摩的信托，惹来这些麻烦，她交给胡适时，也嘱咐要给小曼，却没有到小曼手中。果然是人多势众，小曼人单力孤。

世态炎凉，人情淡薄。

小曼不畏艰难险阻，为志摩编全集，如果没有小曼及时收集整理，徐志摩的优美文章或许从此消失，我们也看不到这么全的《志摩全集》。她花了几十年的时间，这种坚持是林徽因和凌叔华等人办不到的，凌叔华也曾说为志摩写传，林徽因也曾关注志摩文章的收集，但只有小曼坚持做这一件事。有时候想想，家不仅仅是一个外在东西，它确实有坚固的精神的东西存在，那些人都有自己的家人，而志摩唯有小曼，小曼才是真正属于他的家人。

她有勇气出版志摩和她写的那些信和日记，任由世人评说，是不想让志摩的心血白白消失，而别人怎么说自己无所谓，这是怎样的勇气和无私？

遗文编就

陆小曼正准备着手编《志摩全集》的时候，恰巧徐志摩的学生赵家璧来找小曼，问她要一张徐志摩的照片，放在志摩生前答应给他出版的《秋》的扉页上。一看要出志摩的遗作，小曼十分高兴，当即提供了照片，并对赵家璧说："我这里还有一些志摩的遗稿、日记和书信之类，能否和我一起做些整理工作，有机会时就出版。"赵家璧非常赞赏这个提议，还征求了茅盾的意见，茅盾鼓励他尽最大的努力去搜集志摩的信札、日记，为中国出版界编出第一部现代作家全集来。

于是，陆小曼和赵家璧两人分别寻找一些志摩的著作、日记，向许多图书馆和收藏家借阅文学期刊，收集散见各处而未编入文集的零星文章，并写信向有关朋友征求徐志摩的书信。经过多方查找，终于在1935年10月，把稿子编好了，一共有十卷：诗集一卷、散文四卷、小说一卷、戏剧一卷、书信两卷、日记一卷。只有书信难以征集，志摩的朋友们多不支持，只征到刘海粟、蒋慰堂、郭有守等人的几十封，小曼很失望，但也不愿再去求人。她跟赵家璧商量，自己收藏的部分也不少，可以编成一卷，虽然有些不愿意公开发表。

十卷大致收集好，议定由赵有璧所在的良友图书公司出版。

恰好胡适来上海，赵家璧做东，在味雅酒楼宴请胡适，小曼作陪。席间小曼跟胡适谈了自己和赵家璧编全集的情况，希望胡适把志摩交给他的信以及收集北方朋友的信早日寄给她，还谈到了留在别人手中的几本日记。最后，她要求胡适为这套书作序。胡适听了没有什么反应，似乎毫无兴趣。

过后胡适又劝小曼说，《志摩全集》放在良友出不合适，不如改商务印书馆。商务印书馆馆长王云五也表示同意，并愿意立即预支版税一千元，这对经济困难的陆小曼来说，很具诱惑力。她当即找赵家璧解释，赵家璧很无奈，他这个小出版社自然斗不过商务印书馆，也拗不过胡适，而且小曼也决定在那边出了，他也不能再说什么。

陆小曼觉得很对不住赵家璧，就把志摩的日记部分抽出来给良友出，因为字数少，她又加了志摩给自己的十几封信，按诗人的手迹影印了五百本，这就是所谓的"真迹手写本"，题名为《爱眉小札》，署名手心。后来又出版了铅排本。《爱眉小札》是徐志摩和陆小曼相爱的心声，浓艳温柔，妩媚动人。

陆小曼为书作序。

小曼分别为《爱眉小札》作了三次序，第一次是《论语》杂志张振宇发表的一部分稿件，请小曼作的序；第二次就是良友首印作序；第三次是良友再版《爱眉小札》时作序。

初次序：

> 在初恋的时候，人的思想、动作，都是不可思议的。他的尤其热烈，有许多好的文字，同他平时写的东西完全不同，我本不想发表的，因为他是单独写给我一个人的，其中大半都是温柔细语，不可公开的。不过这样流利美艳的东西，一定要大家共同欣赏，才不负他的美。所以我不敢私心，不敢独受，非得写出来跟大家同看不可，况且从前他自己曾说过："将来等你我大家老了，拿两本都去印出来，送给朋友们看，也好让大家知道我们从前是怎样的相爱。等到头发白了再拿出来看，一定是很有趣的。"

另外，这期间小曼还整理收集了徐志摩与自己在硖石老家那段日子写的文字，即在眉轩中写的，题为《眉轩琐语》，发表在《时代画报》上。还应邵洵美约请，为《云游》作序，《云游》里收集了志摩的十三首诗。

志摩活着的时候，总是让小曼为自己作序，小曼每每提笔，终不能完成。如今想起来，不由感慨万千："又谁能料到在你去后我才真的算动笔写东西，回忆与追悔便将我的思潮模糊得无从捉摸。说也惨，这头一次的序竟成了最后的一篇，哪得叫我不一阵心酸……"

陆小曼与商务印书馆签了合同，稿子寄给出版社。1937年淞沪战争爆发，一切陷入纷乱，商务印书馆也准备迁走，对小曼的答复是等安定了就出。

> 我怀着一颗沉重的心回到家里，前途一片渺茫，志摩的全集初度投入了厄运，我的心情也从此浸入了忧愁中。除了与病魔为伴，就是整天在烟云中过着暗灰色的生活。

抗战结束后，陆小曼再去商务印书馆询问稿子的下落，但是馆内的人也不知道稿子在哪儿。小曼几近绝望，出来的时候连自己往哪儿走都不知道了，她当时的心情简直没法形容，仿佛一下子蒙了。后来她在《序〈志摩日记〉》中写道：

"全集"既没有出版，唯一的那本《爱眉小札》也因为"良友"的停业而绝了版，志摩的书在市上简直无法见到，我怕再过几年人们快将他忘掉了。

"人们快将他忘掉了"，这是小曼最怕的事情，他的精灵蓄积的遗稿不见了踪影，这怎能不让她心焦？

在这个自我的时代，谁会为了别人的事情如此焦心？谁的心里还盛得下别人的事？别的人只能在自己生活之外，在稍有空闲的时候想起志摩，拈一丝愁绪，诉一点不平，解解自己的闷儿。只有陆小曼把整个生命放进去了，他就是她的生活，他的心血的结晶就是她的一切。爱人莫过于爱所爱之人之最爱。

多少风花雪月，多少喁喁私语，多少红颜，又多少知己，都抵不过生活与岁月的摧折，沉淀下来的只有那一抹。有些人不愿意公开与你的恋情，终究生者比死者更重要，终究自己比对方更重要；有些人没有精力为你写传记，终究现世的生活是能抓得住的，你已如烟云。

徐志摩的灵魂，只有在小曼这里，长久永存，没有缥缈如烟。

1946年的一天，赵家璧去看望小曼，当时他已经在晨光图书出版公司。小曼一见他就流下了眼泪，后悔当初听了胡适的话，否则《志摩全集》早就出了，她说胡适利用她急于用钱的心理，千方百计逼她把这套书拿出来，因为他不愿意新月派诗人的全集由一个青年来当编辑，再加上良友出版公司重视左翼作家如鲁迅、茅盾等人的文艺书，胡适心中不高兴。赵家璧劝慰小曼，又问她可有其他日记或遗稿之类的，与《爱眉小札》合编一册。

陆小曼就找出了徐志摩写的《西湖记》《眉轩琐语》《一本没有颜色的书》，加上先前的《爱眉小札》和《小曼日记》，编成一册，题为《志摩日记》。

《一本没有颜色的书》是徐志摩与陆小曼的爱情纪念册，是当时一些著名的中外友人为其新婚所题的诗词和图画。

如泰戈尔题诗：

> 路上耽搁樱花谢了，
> 好景白白过去了，
> 但你不要感到不快，
> （樱花）在这里出现。
> ……

胡适的题诗为：

> 花瓣儿纷纷落了，
> 劳伊亲手收储，
> 寄与伊心爱的人，
> 当一篇没有字的情语。
> ……

邵洵美画了茶壶茶杯，题打油诗一首：

一个茶壶，一个茶杯；
一个志摩，一个小曼。

此外还有杨杏佛、陈西滢、顾颉刚、俞平伯、江小鹣、林风眠、陈小蝶、章士钊等人题诗，小曼也自录《红楼梦》诗一首，后署"庚午晚冷香人志"。

《志摩日记》虽出版了，但是"全集"一直没有消息，小曼急得发疯，跑去问商务印书馆的经理朱经农，他也是志摩的老朋友。几经查阅，答复说志摩的稿子在香港，他会设法找出来，但之后又无音讯了。

小曼觉得自己是在一片黑沉沉的云雾里呆头木脑地活着——"恐怕从此以后，这世界不会再有他的作品出现了。想到这些，更增加我的病情，我消极到没法自解，可以说，从此变成了一个傻瓜，什么思想也没有了。"

陆小曼的心越来越沧桑了，她十几年来像闭关似的，不出大门一步，一年难得出去一次，一天到晚只是在家静养，也不要别人金钱上的扶助，量力而出，过着一种平凡的日子，安静地忍受着命运给她的一切，一个人呆想：

也许志摩没有死。生离与死别时候的影像在谁都是永远切记在心头的；在那生与死交迫的时候是会有不同的可怕的样子使人难舍难忘的。可是他的死来得太奇特，太匆忙！那最后的一忽儿会一个人都没有看见；所以我老以为他还是在一个没有人迹的地方等着呢！

小曼也变得通透了，跳出攘攘人世，以死去的志摩的视角来看世人：我知道他一定时常在我们身旁打转，看着我们还是在这儿做梦似的浑，暗笑我们的痴呆呢！现世的一切如梦幻泡影，镜花水月。她说：

> 我们溜到人世间不过是打一转儿，转得好与歹的不同而已，除了几个留下著作的还可以多让人们纪念几年，其余的还不是同镜中幻影一样？

没想到1954年的春天，商务印书馆写信来说稿子找到了，但因为不合时代，暂不出版，稿子退还给陆小曼。她看着商务印书馆寄来的书稿清样，百感交集，虽然不能出版，但总算没有遗失，总算还有希望。她充满希望地等待着能够出版志摩这有代表性的文艺作品。

小曼又曾把书稿交给王亦令，结果他对新诗不感兴趣。

别人不感兴趣，在她却是宝贝。小曼把清样要了回去，一直保存到临终时。

爱慕者至

志摩去世以后，也有慕名而来寻小曼的。但是小曼已经不像先前一样对朋友"不分男女"，她成熟而有分寸。

有一次，小曼与三舅母去看电影，碰上老朋友张慰慈和妻子梦绿，张慰慈只管和小曼一人说话，把妻子冷落一边，后来又经常单独到小曼家去，且谈到妻子的一些不是，小曼很为难，给胡适写信让他有机会劝劝张慰慈："他只想同我一起玩，她又不乐意，为了一个朋友为什么叫他们夫妻生意见呢？有机会你同慰慈谈，活在世上就有许多不如意的事，人间有一个十分满意的人么？"

小曼果然成熟通透了，再不复当初那个较真、任性的小女孩了。人间事，不如意者十之八九，而人无完人。尼采要爱一个口味精细的高贵的自由精灵，尼采疯了。也许有瑕疵的人才是活生生的，斑斑杂杂的爱情才是世间的。

小曼回忆起志摩的可爱之处来。"你这一走……真使我们感觉到人世的可怕，世道的险恶，没有多少日子竟会将一个最纯白最天真不可多见的人收了去，与人世永诀……我一天天地只是藏起了我的真实的心而拿一个虚伪的心来对付这混浊的社会，也不希望再有人来能真真的认识我明白我。甘心愿意从此自相摧残地快快了此残生，谁知道就在那时候遇见了你，真如同在黑暗里见着了一线光明，垂死的人又透了一口气，生命从此转了一个方向……你好像是成天钻在我的心房里似的，直到现在还只是你一个人是真还懂得我的。我记得我每遭人辱骂的时候你老是百般的安慰我，使我不得不对你生出一种不可言喻的感觉。……我只是对你满心的歉意，因为我们理想中的生活全被我的病魔来打破，连累着你也过那愁闷的日子。可是二年来我从来未见你有一些怨恨，也不见你因此对我稍有冷淡之意。"

世间始终你好！

王赓也曾有过复婚的念头，但是小曼以伤心太重委婉地拒绝了。两人若闹到离婚的地步，问题肯定是存在的，再回头，不过又重复一次当初的错误而已。他还是那样的脾气，她还是那样地心不甘情不愿。

小曼离开后，王赓当过孙传芳的五省联军总部参谋长，也当过北伐军第四集团前炮兵司令、铁甲军司令。北伐战争后，他又做了国民党政府的盐务缉私局局长。宋子文组建税警团，以镇压抗税和漏税，配备一流的人才和设置，王赓也在组内，只听宋子文调遣。这是1930年，他在上海，小曼也在上海，但是小曼已为他人妇，王赓也只能过门不入，在外面望望墙内的繁花伸出墙外来，墙内的音乐流到街上来，他的内心只有寂寥。

次年，徐志摩因飞机失事在山东党家庄去世，小曼悲痛欲绝，瞬间跌入谷底，安慰的少，谩骂的多，这不得不惹起王赓的疼惜之情。他不声不响地去看望小曼，走入小曼的家中，屋里窗帘密遮，光线黯淡，一股死气沉沉的味道，小曼正卧床不起，他走上前去拉开窗帘，说："把房间搞得这么暗，不通气，没病的人也要生病的。"小曼一直昏睡，他没有打扰她，坐了一会儿就走了。

小曼拒绝王赓，是认识到他不是她对的那个人，她对王赓是一点爱情都没有的，但是她了解他，尊重他，总还有那么一丝亲情般的爱护之情，在事关他的名节方面，她也会站出来说句公道话。

1962年，中国文史出版社出版的《文史资料选辑》中有一篇沈醉的文章——《我所知道的戴笠》，里面提到小曼，说她是舞女。

> 戴笠指示这两个任务时，我不了解后一个任务的性质，曾好奇地问过他，为什么对自己部队的将领还这么不放心？他便举了一个例子说，在一二八上海战争期间，便有一个旅长王赓和死去了的名诗人徐志摩的爱人陆小曼闹恋爱。陆当时为上海的红舞女，王追求陆挥金如土，最后因无钱可花而带着作战地图去投日本人。

有人拿这件子虚乌有的事情来说起她，还说她是红舞女。陆小曼看了很生气，写了一篇文章驳斥沈醉，题目是《关于王赓》。

> 先谈一下王赓这个人。他是美国西点陆军大学毕业的，对军事学识有一定的修养，据说对于打炮尤特有研究。但是他的个性怪僻，身为武夫而又带着浓厚的文人脾气，所以和当时军界要人的人事关系相处得很不好，因此始终郁郁不得志。我十九岁时，在"父母之命"之下与他结了婚，但感情一直不好。沈醉先生那二篇文章所提

的——一二八事件的时候,我已经与王赓离婚了好多年,并且已与志摩结婚多年了。就是那一年里,志摩乘飞机在山东遇难的。我那时正因病缠绵床笫,在四明村卧病了好几个月,也没有去过礼查饭店。(因为那时外界也有谣传,说我避难在礼查饭店。)更谈不到甚么上海红舞女云云。

关于这件事情,1932年小曼就给《晶报》编辑余大雄写信澄清过:"窃曼与王赓离异六年,至今绝无往来,而各报有谓曼仍与王青鸟往还。又有谓曼向各方营救王赓,甚至有谓与彼重赋同居之雅。此种捕风捉影之谈,无非好事者所为……"

至于王赓,他从未向日本人投降献图,他当时是应宋子文之邀主持盐务缉私军警事宜,并未在正式部队里,但是十九路军因为缺乏良好的炮手,所以向宋子文把他借过来。可是由他指挥打向日本人的炮,总是因为一点小差错而不能命中目标,他非常着急,就去美国驻沪领事馆找他在西点军校时的一个美国同学,准备与同是好炮手的那位同学研究一下。可是走到外白渡桥上时,那辆破旧的机器脚踏车坏了,他步行过去,走到门口,却发现一个日本兵在站岗,转身就跑。他的慌张引起了日本兵的警觉,紧追不放,他逃到附近的礼查饭店,但还是被抓了。他知道公文包里有机密文件和作战地图,眼看逃不掉了,就借口说这里是租界,要去捕房办手续,王赓是要捕房把公文包扣留下来。

后经上海市政府协调,日本人放了王赓,但南京政府命令将他押往南京,审问是否泄露军事秘密。

王赓被抓,流言很快传开了,说王赓向日本人献图是为了弄钱讨好小曼。当时小曼非常生气,委托堂兄陆耀昆去南京向王赓问个明白,王赓讲述了事情的来龙去脉。

后来由于各种证明及虹口巡捕房的公文包等证据，案子查清了，王赓被释放，此时他已经被羁押了两年。难怪小曼说他"平素非常粗心而且糊涂"，不止一次被冤入狱，真可谓命途多舛，一波三折。

志摩去世后，宋子文的弟弟宋子安要来拜访陆小曼，被她回绝；又一次，宋子安请她去吃饭，又被她断然拒绝。小曼对政治不感兴趣，对军阀、政客尤其厌恶。小曼是凭性情、喜好与人交，权势、财力、威名她都不在乎，她的骨子里很有些睥睨世俗的味道。

人家待我好，我就待人家好，全凭一颗心。所以小曼舍胡适而取瑞午，胡适纵对小曼有好感，几次要求她与翁瑞午断交，以后一切由他负全责，只是说说却始终没有行动。而瑞午说得少，做得多，几十年如一日，端茶奉药，百般呵护，他的宠不亚于徐志摩，却没有志摩的坏脾气——经常跟她赌气。瑞午是圆润的、温和的、家常的、低眉顺眼的……

暧昧之求

早在徐志摩还没有出现的时候，胡适与陆小曼已经认识。他说："小曼是北京城一道不可不看的风景。"他带刘海粟、徐志摩、张歆海去看这位王太太，刘海粟疑惑这位王太太不是一位少女么，志摩也认出了这不是舞场上那位高手嘛，张歆海也一下子陷入恋爱。如果说胡适是恋着小曼的，为何又把她拿出来给这些人观赏？他不过是拉些垫背给自己做掩护罢了。一生摆出一副老好人的模样，有色心没色胆，一段段恋情都不了了之，他斗不过胡太太，也摆脱不了旧道德这个紧箍咒。

陆小曼与王赓一起时也有一个纪念册，录了很多名人的题诗。王赓题："苦尽甘来方知味。"言简意味却深长。志摩题："……她的妩媚在时，像那边涧底的夕阳红；但她的命运，像是黑夜在墓墟间。"胡适选的是波斯人莪默的一首诗："要是天公换了卿和我，该把这糊涂世界一齐都打破，再锻再炼再调和，好依着你我的安排，把世界重新改造过！"这句诗原诗前面还有一句"爱呵！"胡适也是封建包办婚姻的受害者，他表面平静，内心里怕也是压抑难当，只想把这个糊涂的世界打破，与谁一齐打破？"爱呵！"胡适的传情方式是隐晦的，但有心人看到，不由会心一笑，大学者也要出墙来了。

胡适出了几次"墙"都没有出得来，除了妻子江冬秀的"菜刀"原因，还有他自己的性格原因。胡适太爱惜自己的羽毛，出名太早，时时惦念着历史对自己的评价，所以从不在文本上表露真情。在他自己那里虽无可查，但也留下很多谈资，除了韦莲司、陈衡哲、曹诚英等人，还有一个陆小曼。

有人说："谈恋爱，光谈不练是意淫，像吴宓，只在日记、书信演练他对女性的爱；又说又练是徐志摩，是浸淫，是真恋爱；光练不说，像胡适，是真淫。"这是有一定道理的，怎么都觉得怕烧着烫着的胡适有点"伪君子"的模样，情不多也累了美人。韦莲司为其终身不嫁，曹诚英为其寻死觅活——他让好朋友徐志摩去杭州曹诚英处安抚。倒是小曼比较聪明，你不深情我即改道。从这方面来说，陆小曼和徐志摩更是同一种人，热烈而深情，她就选中他这一点。

但是刚开始还是有些困惑的，可能在男人圈里流连太久，不太相信有这么深情的男人。她给胡适写信说："我不想再寄信（给徐志摩）了，但又怕他担心，他为什么会那么记挂我呢？还是这就是他的本性？"小曼后来被志摩打动，与志摩一起掉入爱情之网，上演轰轰烈烈的爱情悲喜剧，胡适也在一旁帮忙，当成自己的事来办。

江冬秀坚决反对胡适为徐志摩和陆小曼做媒，为此事，和胡适吵过几次。有一次出行之前，江冬秀当着客人的面，威胁胡适："你要做这个媒，就是到了结婚的台上，拖也要把你拖下来。"江冬秀本能地厌恶陆小曼，厌恶以破坏两个家庭为目的的行为，更害怕胡适步徐志摩后尘。胡适大概猜到了江冬秀的心理，在去莫斯科的途中，写信批评江冬秀的不当之处，并劝慰她："志摩他们的事，你不要过问。随他们怎么办，与我家里有什么相干？"

胡太太还嚷道："有人听我乱说我就说。你还不是一天到晚乱说。大家看胡适之怎么样，我是看你一文不值……你们都会写文章，我不会写文章，有一天我要把你们这些人的真实面目写出来，你们都是两个面目的人。"江冬秀这句话不是无中生有，胡适私底下暗潮涌动。胡适与陆小曼这短暂的碰撞在两人心底秘而不宣，他们都是聪明人，以开玩笑的口吻调情，过后可以认为那只是玩笑。因为没有明讲，过后他们仍旧可以是朋友。

不曾想再谨慎的胡适也被人翻出了私信，其中有几封是小曼写给他的：1925年6月初：

我最亲亲的朋友：

　　我这几天很担心你。你真的不再来了吗？我希望不是，因为我知道我是不会依你的。我会耐心地等待，总有那么一天，你又可以像从前一样来去自如。不要去理那些佣人，他们蠢极了，他们什么都不懂。我今天去了邮局（的信箱取信），只有一封是我的，其他都是你的。我随信附上这一封你在等的信。其他都无关紧要，全是报纸，只有这一封会让你开心的信。你是六月还是十二月去？热得很，什么事都做不了。只希望你很快地能来看我。别太认真，人生苦短，及时行乐吧。最重要的，我求求你为了你自己，不要再喝了，就答应我这一件事，好吗？你为什么不写信给我呢？我还在等着呢！而且你也还没给我电话。我今天不出去了，也许会接到你的电话。明天再给你写信。

眉娘

1925年6月下旬：

我最亲亲的朋友：

我终于还是破戒写信给你了！已经整整五天没见到你了，两天没有音信了。昨天我要H.H给你打电话，结果是接到最令人失望的消息。你怎么又发烧了？难道你又不小心感冒了？今天体温多少？我真是焦急，真希望我能这就去看你。真可惜我不能去看你。我真真很不开心。请你一定要好好照顾自己。

你看看，你不听话的结果就是这样！亲爱的，你现在知道了吧？如果你听了我的话，你现在就不会在床上躺了那么多天。你觉得这样好玩吗？现在要换我当先生，等你好了以后，我要好好地教训你，如果你再一次不听话，你就等着瞧！你这个淘气的人！我会处罚你，让你尝尝滋味。大爷！现在你该做的是，不可以工作，不可以用脑筋，也最好不要看小说，最重要的，是不可烦恼。喔！我现在多么希望能到你的身边，读些神话奇谭让你笑，让你大笑，忘掉这个邪恶的世界。你觉得如果我去看你的时候，她（注：即江冬秀）刚好在家会有问题吗？请让我知道！

我也不舒服。昨晚又发了一次，幸好只犯了一个钟头。我家人都关心你的病，特别是我妈，每天都问起你。我不敢用中文写，因为我想用英文会比较安全。我的字还像男人写的吧？我想她看到这些又大又丑的字是不会疑心的。祝你飞快康复。

你永远的玫瑰（Rose）兼眉娘

（注：Rose的字母里O是画作心的形状）。

又：请不可以笑我的破英文，我可是匆匆写的喔！

言词之温柔调皮、情意绵绵，可见其关系不一般。小曼还有一封给胡适的信中说："现在大家都知道你是我的先生了，你得至少偶尔教教我，才可以让他们相信你确实是他们心目中想象的先生。"他不是她的"先生"，那么他们真实的关系是什么呢？徐志摩写给陆小曼的信由胡适转交，本应胡适从信箱里取出来交给陆小曼，但是他另给小曼一把信箱钥匙，信箱共用，可见其亲密吧。

胡适故居里有一张陆小曼的照片，她坐在书桌前，一手扶着头，看书，旁边配图说文字："陆小曼与徐志摩结婚后，留单人照一张送老师胡适解嘲。"何谓解嘲？小曼嫁了志摩，胡适只得一个人对着照片自我解嘲了。

可是胡适并没有绝望，他开始了他的"地下活动"。这是胡适的专长，或者说嗜好。当年胡适不就带着刘海粟、徐志摩、张歆海去看那道"北平不可不看的风景"去了。

如今又"贼心不死"，据陈巨来讲，胡适之对陆小曼颇有野心，但慑于发妻，不敢有所作为，故竭力怂恿好友徐志摩追求之，使陆小曼成为好友之妻后，便可以时时盘桓相叙。后又碍其为徐挚友，故无从下手，他力促徐北上安慰林，搞成林、梁离婚，再徐、陆分手，他即可遗弃糟糠之妻，追求陆。确实如小曼所说，林徽因结婚后忧郁成疾，胡适让徐志摩来安慰她，梁思成心知妻子的病只有志摩能安慰，索性让志摩住在自己家中。有一天，梁思成上课去了，林徽因哭诉出了当年同时给几个人发电报的事情，只有对志摩是真心。胡适知道后，便让徐志摩到北大任教，方便与林徽因来往。

但是他美梦还未成真，志摩却先死。

徐志摩空难去世后，胡适还是小曼最信任的人，她曾屡屡给胡适写信，遣词用句一贯温柔：

> 咳,先生!我希望你也给我些最后的相助……我以后的经济问题,全盼你同文伯二人帮助了,老太爷处如何说法文伯也都与你说过了,我只盼你能早日来,文伯说你今天来信又有不管之意,我想你一定不能如斯的忍心,你爱志摩你能忍心不管我吗?我们虽然近两年来意见有些相左,可是你我之情岂能因细小的误会而有两样么?

小曼提的全都是钱,这是不是胡适冷淡的原因?

> 我还有时恨你虽爱我而不能原谅我的苦衷,与外人一样的来责罚我,可是我现在不能再让你误会我下去了,等你来了可否让我细细地表一表?因为我以后在最寂寞的岁月愿有一二人能稍微给我些精神上的安慰。

小曼已经希望并且愿意自己的一生由胡适来"安排",而不在乎什么"名分",可是胡适却相对冷淡。此时与众叛亲离的小曼为伍,会影响他的形象,他不是那个可以遮风挡雨的人。瑞午照顾小曼,年深日久小曼终于委身,这时候,胡适坐不住了,站出来反对,向小曼说只要她与翁断交,以后一切由他负责。他怎么负责?说了几次却无实质性的行动,多少有些可笑。患难见真情,小曼不能绝情于瑞午。而且胡太太不好惹,胡适又太圆滑,帮她找找徐老太爷说情,要要日记信札还行,他负责不了一切,何况连日记也要不来。小曼是心渐冷,再加上得知胡适遭志摩去北大的用心,更是生出了厌恨吧。

后来,陆小曼与胡适几乎没了联络。胡适浅尝辄止的关心终究不能为小曼遮风挡雨,"最亲亲的朋友"也隔山隔水,心意难通。远在台湾的胡适是否还会忆起小曼这位红颜，他们并不是智识上的朋友——那一道风景只是风景，或许，蜻蜓点水，再也荡不起涟漪。而陆小曼，提起他来也只是"对己颇有野心"的不屑一顾，曾经捉摸不定的暧昧已成微不足道的情感碎屑，随着时光流水而远去消失了。

第五章｜情深义重两相依

但是由于旧病更甚，翁医治更频，他又作为老友劝慰，在我家长住不归，年长日久，遂委身矣。但我向他约法三章："不许他抛弃发妻，我们不正式结婚。"我对翁其实并无爱情，只有感情。

——陆小曼评翁瑞午

更是同好

虽说占有欲是爱情的一部分,但是只剩下了占有欲,那就不是爱情了。追求小曼的人众多,但多是爱慕虚荣,贪图她的美貌、才气,尤其是风光,只是想得到她,却少有切实的关心和照顾。除了徐志摩,那些道貌岸然的君子嘴上说说,行动总迟缓,有点叶公好龙的味道,毕竟小曼不是家常女子,挥霍、娇柔、不好养。徐志摩爱小曼,却总是跟她赌气,他要改掉她所有的坏习惯,把她打造成心目中的女神,管头管脚,所以小曼心里不舒服,不符合志摩的心意,志摩也不舒服,于是大爱又大吵。倒是翁瑞午更适合做小曼生活上的伴侣,无声无息却始终陪在身边,陪她唱戏,逛赌场,她喜欢字画就频频献来,她身体疼痛他还有一手极好的按摩功夫……

翁瑞午是世家子弟,做着房地产生意,他会唱京戏、昆曲,会画画,还懂得鉴赏古董，看他做的这些事情没个正形，与徐志摩没法比，顶多算个文化掮客，所以被胡适称为"自负风雅的俗子"。翁瑞午很有点纨绔子弟的味道，爱玩，做事都以随性的态度，不愠不火，不紧不慢。他的深情也是细水长流，能穿山石。所以终归得到了小曼的回报，拂了众望。小曼对他唯有感激，有不舍。

翁瑞午的父亲翁印若是清朝书法家、政治家翁同龢的门生，翁印若以画名世，翁瑞午从小随父亲学过画，又因体弱多病，拜丁凤山为师学习推拿。丁凤山的师父是慈禧太后的御医李鉴臣，还是少林的高手，瑞午一脉相承，不但医术高明，还有"一指禅"的功夫。这种功夫没有三年是练不成的，第一年练习点大钟，要把大钟点停；第二年练点蜡烛，要在一丈开外把蜡烛点灭；第三年练点灯笼，即是把灯笼内的蜡烛点灭。他狠下过一番苦功，原是为了强身健体，没想到后来还有这个机缘。小曼天生体弱，再加上日夜颠倒、挑食纵食的坏习惯，更加损坏了身体，患有哮喘、胃病，心脏也不好，天天吃着药。《志摩日记》中说："曼的身体最叫我愁。一天二十四小时，她没有小半天完全舒服，我没有小半天完全定心。"志摩遍访名医，医不见效，好友江小鹣就把这个表弟介绍给了徐、陆。

徐志摩请翁瑞午来替小曼推拿，没想到立即见效，每次推拿之后小曼病痛大减。病痛得到缓和，小曼脾气就好，志摩对瑞午非常感激。后来有人说闲话，瑞午理直气壮地说："我到那里，是徐志摩请去的。"

翁瑞午生性淡然、平和、风趣、活络，尤其与小曼趣味相同，都喜欢玩、喜欢字画、喜欢唱戏。他时时赠小曼名画，渐渐博得她的欢心。

陆小曼好戏，对戏极有研究，这全都靠她自己钻研。她擅长京剧、昆曲，还能演皮黄。有些阔太太为募捐赈灾义演，小曼也参加。有一次，她演了昆曲《思凡》，与唐瑛合演了《拾画叫画》，又与江小鹣、李小虞合演了压轴戏《汾河湾》。大家都觉得小曼演的《思凡》中的小尼姑"扮相果然美妙，嗓音更是清晰动听,台步和做工,都出于自然,伊的表情,亦能达到妙处"。周瘦鹃专门写文章赞叹:"要是召集了普天下的比丘,齐来领略小曼女士的曼唱,我知道伊们也一定扯了袈裟、埋了藏经、弃了木鱼、丢了铙钹,纷纷下山去寻那年少哥哥咧。像这样的唱和演,才当得上神化二字,才值得我们的欢喜赞叹。"

为了爱好,为了民族心(*慰劳北伐前敌兵士而义演*),小曼不再是卧榻上的又娇又病的小姐,她在酷暑中拼命地排练,有时候头晕目眩,吊眉都让她觉得要呕吐了,但还是坚持。志摩虽心疼,也不得不称赞小曼是这次义演中除唐瑛外"最卖力气"的一个。可见小曼是能吃苦的,何况演戏并不是容易的事,要字正腔圆,一挥袖、一迈步都要谨慎小心,恰到好处。这些除了天资,除了对戏曲本身的理解和领悟,更得刻苦研习演练才能得。

陆小曼演戏,有时候也拉上徐志摩,他是老大的不情愿,曾在日记里抱怨道:"我想在冬至节独自到一个偏僻的教堂里去听几折圣诞的和歌,但我却穿上了臃肿的袍服上舞台去串演不自在的'腐戏'。我想在霜浓月淡的冬夜独自写几行从性灵暖处来的诗句,但我却跟着人们到涂蜡的跳舞厅去艳羡仕女们发金光的鞋袜。"

瑞午则不同,他拜名师学京剧与昆曲。曾因为身材高大,攻旦角的时候,屈腿走台步,平时在双膝间夹铜板子走场子,虽好玩但也是其痴好。有人说玩物丧志,但玩到一定的水准也不由得让人心生敬佩。翁瑞午在艺术上的天资,未必比志摩差,只是他的兴趣不在此。世间事,各有各的标准,只要从心本愿就是好的,这个理想比那个就高尚吗?谁又比谁更高贵呢?贾宝玉不懂仕途经济,被某些人斥为不求上进,而另外一些人不正是喜欢他这跳脱出禄蠹凡尘嘛!

记得有个电视剧《万凰之王》中,顾全大局、沉稳仁慈的哥哥做了皇帝,弟弟一直恋着的女子成了皇后。哥哥看起来重情重义,却不顾皇后,把守寡的嫂子纳成妃子，之后又厌倦了，又想把身边的丫鬟纳成妃子……弟弟嬉笑怒骂，全为那份隐而不能发的爱情，最后为爱情而死，最终我们会觉得玩世不恭的弟弟更可爱吧。玩世不恭是一种叛逆，徐志摩、胡适等人都是在主流文化里浮沉的人，而翁瑞午则是随性地活着，外界的评价和眼光于他是不当一回事的，爱一个人就爱她的本身。志摩、胡适等人就像那个哥哥，当小曼不符合他们心目中的女神形象时，他们就焦急了，甚至动摇了。

纵有光华万丈，不如贴心小棉袄，说起来翁瑞午更适合陆小曼。

江小鹣初办天马会，叫陆小曼去演戏，戏名叫《玉堂春》，小曼就让志摩去配戏，演王金龙。志摩连连摆手说不行，他说自己不会唱京剧，更何况演主角，小曼就说那你就演一个角色，"这是瑞午他们和我一起商量的，一定要拖你这个大诗人去，也是给小鹣的天马会撑个门面"。为了给朋友捧场，也为了满足小曼的请求，徐志摩勉为其难去演了个红袍。在外人看来他们是伉俪同好，这对玉人的乐趣必较常人更胜一筹。

1927年12月7日，《玉堂春·三堂会审》作为压轴戏在上海夏令匹克戏院上演了。由陆小曼、翁瑞午、江小鹣、徐志摩来演，志摩很不情愿地坐在桌后，他穿着靴子的脚总是不由自主地伸到桌帏外面，引得观众哄堂大笑。陆小曼则演得好，一声"带犯人"，一个女声"苦啊……"从台侧传来，小曼的声音温婉动人。剧中苏三上堂跪见按院大臣王金龙时，王金龙乍见犯妇原来是旧情人，头晕得不能理案了。当即苏三被带下去，王金龙则由请来的医生诊治，此医生照例是个哑巴，诊毕即下。但是那一晚上演医生的是漫画家张光宇，他先在台下问陈巨来："我做这丑角，可否有法子引座客哄堂一笑吗？"陈出主意说："有、有，但哑巴须破例开口，只要诊毕后，对两个配角说'格格病奴看勿来格，要请推拿医生来看哉'。"张光宇在台上果然如此说了，观众哄堂大笑，一出悲剧变成闹剧。

"推拿医生"自然指的是翁瑞午，人们开这种玩笑，也见出小曼与瑞午已经走得很近。翁瑞午经常来串门，他们还相约去登山游湖。在杭州游了三潭印月、北山、玉泉、灵隐等地，小曼的兴致非常高，"雨注不停，曼颇不馁"，冒雨赏景，不但有亲密爱人，还有舒心朋友在侧，小曼当然有兴致。

后来，徐志摩去了北京，托翁瑞午照顾小曼，瑞午更成了他们家的常客。有人写文章记载："他为小曼推拿，真是手到病除。于是，翁和陆之间常有罗襦半解、妙手抚摩的机会。"

有一天，小曼问瑞午："瑞午，你给我按摩确实有效，但你总不可能时时刻刻在我身边啊，在你不在的时候万一我发病的话，你有什么办法呢？"翁瑞午想了想，说："吸鸦片。"小曼一听这个馊主意就骂他害人，但是看他吸得津津有味，不由得吸上了，真是百病全消，她再也控制不住自己了。之后两人常在客厅里烟榻上隔灯并枕，吞云吐雾。

小曼后来跟王映霞说："我是多愁善病的人，患有心脏病和严重的神经衰弱，一天总有小半天或大半天不舒服，不是这里痛，就是那里痒，有时竟会昏迷过去，不省人事。喝人参汤，没有用，吃补品，没有用。瑞午劝我吸几口鸦片烟，说来真神奇，吸上几口就精神抖擞，百病全消。"

外人颇有微词，但是徐志摩却开脱道："夫妇的关系是爱，朋友的关系是情，罗襦半解，妙手摩挲，这是医病；芙蓉对枕，吐雾吞云，最多只能谈情，不能做爱。所以男女之间，最规矩、最清白是烟榻，最暧昧、最嘈杂的是打牌。"志摩如此说，别人还能说什么呢？陆小曼的病是非常痛苦的，志摩是知道的。陆小曼的表妹吴锦曾回忆说："徐志摩死后，我和陆小曼生活在一起，就由我帮她用香油灌肠才得以排便。当时香油紧缺，为了少排便、少麻烦，她尽量节制饮食，其中的苦绝非三言两语就能讲清的。"所以翁瑞午按摩、小曼吸鸦片都是在迫不得已的情况下才开始的。

小报影射

12月17日,《玉堂春》上演不久,《福尔摩斯》小报刊出了署名"屁哲"的文章——《伍大姐按摩得腻友》,一看标题就很下流,其实这个小报专载大报不敢载的"社会秘闻"。

诗哲余心麻,和交际明星伍大姐的结合,人家都说他们一对新人物,两件旧家生。原来心麻未娶大姐以前,早有一位夫人,是弓叔衡的妹子,后来心麻到法国,就把她休弃。心麻的老子,却于心不忍,留那媳妇在家里,自己享用。心麻法国回来,便在交际场中,认识了伍大姐,伍大姐果然生得又娇小,又曼妙,出落得大人一般。不过她遇见心麻以前,早已和一位雄赳赳的军官,一度结合过了。所以当一对新人物定情之夕,彼此难免生旧家伙之叹。然而家伙虽旧,假使相配,也还像新的一般,不致生出意外。无如伍大姐曾经沧海,她家伙也似沧海一般。心麻书生本色,一粒粟似的家伙,投在沧海里,正是漫无边际。因此大姐不得不舍诸他求,始初遇见一位叫做大鹏的,小试之下,也未能十分当意,芳心中未免忧郁万分,镇日价多愁多病似的,睡在寓里纳闷,心麻劝她,她只不理会。后来有人介绍一位按摩家,叫做洪祥甲的,替她按摩。祥甲吩咐大姐躺在沙发里,大姐只穿一身蝉翼轻纱的衫裤,乳峰高耸,小腹微隆,姿态十分动人,祥甲揎袖捋臂,徐徐地替大姐按摩,一摩而血脉和,再摩而精神爽,三摩则百节百骨奇痒难搔。那时大姐觉得从未有这般舒适,不禁星眼微扬,妙姿渐热,祥甲那里肯舍,推心置腹,渐渐及于至善之地，放出平生绝技来，在那浅草公园之旁，轻摇、侧拍、缓拿、徐捶，直使大姐一缕芳魂，悠悠出舍。此时祥甲，也有些儿不能自持，忙从腰间挖出一枝短笛来，作无腔之吹，其声呜呜然，喷喷然，吹不多时，大姐芳魂，果然醒来，不禁拍桌叹为妙奏。从此以后，大姐非祥甲在旁吹笛不欢，久而久之，大姐也能吹笛，吹笛而外，并进而为歌剧，居然有声于时，一时沪上举行海狗大会串，大姐登台献技，配角便是她名义上丈夫余心麻，和两位腻友：汪大鹏、洪祥甲。大姐在戏台上装出娇怯的姿态来，发出凄婉的声调来，直使两位腻友，心摇神荡，惟独余心麻无动于衷。原来心麻的一颗心，早已麻木不仁了。时台下有一位看客，叫做乃翁的，送他们一首歪诗道：诗哲当台坐，星光三处分，暂抛金屋爱，来演玉堂春。

明眼人一看便知：余心麻是徐志摩，伍大姐是陆小曼，汪大鹏是江小鹣，洪祥甲是翁瑞午，海狗会是天马会。这篇文章非常猥琐，有色情目的，也有无事生非的造谣乐趣。

徐志摩看了非常苦恼，虽说是恶意中伤，但交往、演戏件件是实。他表面上大度，说丈夫不应该禁止妻子交朋友，男女的情爱是各有区分的，可是作为一个爱妻子的丈夫，他也有怀疑和猜忌，内心是十分痛苦混乱的。陆小曼看了这篇文章也十分气愤，临时法院以攸关风化为名处罚示儆，但是志摩夫妇、江小鹣、翁瑞午四人觉得处罚太轻了，就请律师向法院提起刑事诉讼，起诉《福尔摩斯》小报的编辑吴微雨和平襟亚。

1928年1月11日，法庭公开审理此案，主审法官是周先觉，旁听的大多是文艺界的人物。

先是双方律师辩论，原告律师董则民说，被告自登载这篇文章以来，因其伤风败俗捕房提起公诉,虽已处罚,但是此案情节与以往不同,不能适用一案不得两控的原则,所以被破坏名誉之人仍有控诉的权利。

经查证比较,这篇文章中的余心麻即是影射徐志摩,伍大姐影射陆小曼,汪大鹏影射江小鹣,海狗会影射天马会,再将天马会的剧目单与上述人名核对,也过于巧合,免不了让人心领神会、对号入座,连累本案各位原告。被告公然侮辱伤害四位合法公民,应受刑事处分,请予按刑律三百六十条办理。

被告没有出庭,由詹纪凤、陈则民两位律师代理出庭辩护。

詹律师以被告人已经被捕房公诉、处罚过了,而且刑事诉讼条例三百四十条第二项规定,同一事件不得向同一法院再度控诉,所以请求驳回原告之起诉。这是本案的先决问题,根本没必要再审下去了。原告律师必须先解决其起诉是否合法,再谈本案之内容,现在根本谈不到实际法律运用的程度,诉讼程序还没有决定呢。

陈律师的辩护注重诉讼主体错误一点,文内所记人为余心麻、汪大鹏、伍大姐等人,并无一语提到徐志摩、陆小曼、江小鹣等人。纵使文字中有侮辱谩骂,也与徐等无关,假使有人骂董则民而我不能强自认定骂我陈则民,所谓吹皱一池春水,干卿何事?何况法律严格,不能援引比附,以"莫须有"三字列入人罪,诉讼主体犹未构成,何能起诉,应请驳斥不理。

周推事详加审核之下,以本案与捕房同一事实,不便再予受理,当庭驳回,并谕知原告人,如仍旧要求赔偿名誉损失,应另行具状向民庭起诉。

这场官司就这样不了了之。

这件事给志摩和小曼带来很大的伤害,但是小曼仍旧出去交际,与江小鹣和翁瑞午来往过密。徐、陆两人同游西湖,也没有拉近彼此的距离,矛盾一直硌在心中。志摩心情不好,像几年前一样选择了逃避,他去游欧洲并想去印度看望泰戈尔,以为暂时的疏远可以唤回小曼迷离的心。远在欧洲半年给小曼写了上百封信，他还是非常挂念她的。小曼对他的远行却非常冷淡，且等志摩回来，她仍旧如先前一样，唱戏、打牌、跳舞，不画画、不写作，与翁瑞午的关系也愈加密切。

徐志摩后来提起这件事，说："我决意去外国时是我最难受的表示。但那时万一希冀是你能明白我的苦衷，提起勇气做人。我那时寄回的一百封信，确是心血的结晶，也是漫游的成绩。但在我归时，依然是照旧未改；并且招恋了不少浮言。"

1929年，志摩父亲五十九岁大寿没有邀请小曼，却叫了两个戏子去唱戏，因为赌气，因为反叛，小曼与翁瑞午等人去杭州游西湖。同去的有何竟武夫妇、何竟武的女儿何灵琰、翁瑞午的女儿翁香光。这是翁瑞午第二次陪小曼游杭州。第一次是前面说到的志摩也同行。第三次是1931年，志摩母丧，小曼被拒绝参加。徐申如五十九岁大寿又没有邀请小曼，小曼赌气带着自己的两个侄子与翁瑞午同游西湖。每次都有不一样的情致，开始是初相识的新鲜、刺激，后来则是各怀心事，小曼的愁绪如西湖的水，瑞午的心思如静立的杨柳，默默无言，颇有些地老天荒的味道了。

这样的出游，翁、陆的情感必然有微妙的变化，何况翁瑞午对陆小曼早有情意，小曼又是不拘小节的人，你来我往，顿时谣言四起。但是小曼还是深爱着志摩的，只是她生性懒散，随波逐流，不懂得节制，不顾忌人言，所以把志摩越推越远了。

只有感情

徐志摩死后，徐申如每月给陆小曼两百块钱，但小曼还拖着表妹吴锦一家三口，她又没有工作能力——卖画不是长久之计，后来连这两百块钱也不给了，原因是翁瑞午在小曼家逗留夜里未回。陈巨来在《安持人物琐忆》中描述说：

> 志摩死后，小曼家中除瑞午外，常客只余及大雨夫妇及瘦铁与赵家璧、陈小蝶数人耳。当时每夕瑞午必至深夜始回家中，抗战后他为造船所处长，我为杨虎秘书，均有特别通行证者，只我们两人谈至夜十二时后亦不妨。一日，时过了二点了，余催瑞午同走，他云：汽车略有损坏，一人在二楼烟榻上权睡一宵罢，自此遂常常如此，小曼自上三楼，任他独宿矣。及那月底，徐申如送来三百元附了一条云：知翁君已与你同居，下月停止了云云。后始知徐老以钱买通弄口看门者，将翁一举一动，都向之作汇报的。当时翁大怒，毫不客气，搬上三楼，但另设一榻而睡者，自此以后小曼生活，由其负担矣。

翁瑞午来负担小曼的生活费，仿佛冥冥中注定一样。1931年11月徐志摩北上前曾与翁瑞午长谈，希望翁好好照顾小曼，后来志摩飞机失事，再也没有回来。自此翁瑞午就一直照顾小曼，直到自己离世。

刚开始时，翁瑞午在江南造船厂当会计处处长，有较丰厚的收入。后来，翁得了肺病，就离职休养。他一家和陆小曼的生活就非常拮据了。后来他们的经济来源主要是靠他卖古董和他在香港的二女儿翁文光给寄的钱。

陆小曼仍旧离不开鸦片。志摩的死对她更是严重打击，为了麻醉自己，更难以摆脱鸦片。有一次国民党禁毒抄家，发现陆小曼家有烟具，就把她关了一夜。第二天，翁瑞午打通了关节，把她保了出来。她这种生活方式遭人诟病，但也没有办法。没有经济能力，就不能独立，她意志力又薄弱，只能随坡就坡随湾就湾。

小曼与瑞午最初并没有谣言所说的那样，他们是清清白白的。

> 我与翁最初绝无苟且瓜葛,后来志摩坠机死,我伤心至极,身体大坏。尽管确有许多追求者,也有许多人劝我改嫁,我都不愿,就因我始终深爱志摩。但是由于旧病更甚,翁医治更频,他又作为老友劝慰,在我家长住不归,年长日久,遂委身矣。但我向他约法三章:"不许他抛弃发妻,我们不正式结婚。"我对翁其实并无爱情,只有感情。

小曼说她对瑞午"只有感情,没有爱情",可是,两人常年相濡以沫,感情也成为习惯,比爱情更深远,对瑞午,小曼是离不开,戒不掉,耳鬓厮磨,生活像细雨点点滴滴,也堆积已深。他们一起生活了三十余年,相依相伴,日日夜夜,温柔常在。当一觉醒来,当从窗里望出去,当坐在桌前……有个人在那里,一直在,感觉真好。生活再有多少磨难,但眼前却是让人安心的,人都需要安全感,能够给你安全感的人是可感激的。

陆小曼与王赓是相遇相识,与徐志摩是相亲相爱,与翁瑞午是相知相伴。

与陈巨来相交甚好的王女士有一个女儿,叫关小宝,长得好看,乖巧可人,陈巨来把她介绍给翁瑞午学评弹,并成了翁、陆的义女。但是翁瑞午与小宝珠胎暗结,王女士闹得满城风雨,非要把翁告上法庭。尽管关小宝处处维护翁瑞午,说:"我跟翁瑞午的事,是我主动的,我佩服他,我爱他,我愿意跟他好,怀孕是我的责任。"但翁瑞午还是被判入狱两年。陆小曼对此却不愠不怒,不争不闹,无动于衷,而且还在法庭上袒护翁。后来,小曼还抚养关小宝生下来的孩子。小曼坦白地说:"我之所以一点都没有醋心,实在是由于我对翁瑞午只有朋友的感情,早已不存在什么爱情了。"

对于爱情,小曼仿佛把心封起来了,那个位置只为志摩一人保留,徐志摩的死成了永恒的烙印。如果志摩没有死,小曼或许会离婚,瑞午或许会有机会,也未可知。

如今小曼向瑞午约法三章:"不许他抛弃发妻,我们不正式结婚。"一方面是为了志摩,一方面也是为了翁的妻子陈明榴。

陈明榴是旧式妇女,她得依靠丈夫,而且她坚守"三从四德",听从丈夫,从来没有对陆小曼表示不满,没有大吵大闹过。翁香光写她的母亲:"先是爱群女校,后在务本女中毕业,知书达理,贤德温顺,孝翁姑,敬丈夫,教导子女有方,宽宏大量,勤俭持家,艰苦朴素,翁姑及子女穿着全依其一人手中一针一线而成,惜乎嫁入翁氏门中,受婆母欺压,夫权严重,这种封建势力,未有一日之享乐,实在是可怜,可悲。"陈氏贤德温驯,宽宏大量,她看见小报上登载的《伍大姐按摩得腻友》,没有怒冲冲地指责翁瑞午,而是摇头叹息道:"这小报的记者也太无聊了,没事找事,唯恐天下不乱。等二少爷(翁瑞午)回来,我要他与陆小曼以后少来往,免得人家乱说。"即使无爱,没有一点过错的妻子又怎能忍心抛弃,你既已做出选择就应该为自己的选择负责任。小曼也不会让瑞午抛弃这样一个妻子。

陆小曼与陈明榴及其子女关系很好,她管陈明榴叫"二嫂嫂",与其女儿共享好衣服,还带她们出去玩,将翁瑞午的大女儿翁香光叫"大囡"。翁香光结婚时,陆小曼送给她丝绸衣裤及一些浴具。

陈明榴还把自己的四女儿翁重光送到陆小曼处去住,说:"我们家有那么多孩子,可陆小曼一个也没有,多可怜。"小曼自己无儿无女,特别喜欢照顾小孩,对重光也非常好,在自己的房间里给她安排了一个小床,紧着她吃好吃的,但是重光受不了屋里的污浊空气和浓浓的鸦片烟雾,要求回家。

他们都是有过去的人,过去像一道坎,迈不过去。比如有一次,翁瑞午的丈母娘去世,陈明榴去了天津,把家留给瑞午和小曼照看,可是孩子哭的哭,闹的闹,忙碌中才明白这个家是少不了陈明榴的,当然也少不了翁瑞午,他们已经有各种联结，断不了。有些人至情至性，为爱情奋不顾身；有些人温情和善，把责任放在首位，都没有错。

如此活法对小曼并不是没有冲击。据翁香光说："陆小曼除了是王赓的原配夫人之外，离婚后与徐志摩再婚，徐之家人都歧视她，族中婚丧喜事，均无权参加。这种状况下,陆小曼在精神上是十分痛苦的。"翁瑞午去世"五七"的时候，翁家也请小曼参加。在陆小曼生病时，翁香光经常去看她；陆小曼去世时，除了表妹吴锦，只有翁香光在旁照料了。翁香光像女儿一样给她穿新衣，戴假牙。翁香光工作后，常给小曼生活费，当母亲一样看待。三年困难时期，过年的时候，翁香光分到四块猪肉，也要分一块给陆小曼吃。

虽然如此，小曼还是干扰了别人家的生活。

1952年7月14日，陈明榴去世。翁香光看着刚刚断气的母亲，悲痛欲绝，想到父亲把精力全放在陆小曼身上，对自己的妻子不关心，便对匆匆赶来的父亲大加指责："你为什么不早点与母亲离婚？如果早离婚，她还可以找个好人，过几年舒心日子。"她又跑到陆小曼的住处，对小曼歇斯底里地喊道："你为什么抓住我父亲不放？为什么？为什么？你说，你说呀！"

陆小曼看着悲痛的翁香光，只有沉默不语，她心里非常愧疚。

但是对徐志摩，她却一直觉得问心无愧。她说：

"我的所作所为，志摩都看到了，志摩会了解我，不会怪罪我。"

"情爱真不真，不在脸上、嘴上，而在心中。"

"冥冥间，睡梦里，仿佛我看见，听见了志摩的认可。"

至情选择

翁瑞午对小曼一往情深，呵护备至。只要她开心，他什么都为她做。他给她买静安寺老大房的蛋糕吃，还去买老大昌食品店的西式点心；他把陈明榴做的玫瑰酱也拿去给小曼吃。苏雪林曾回忆道："翁瑞午站在她榻前，频频问茶问水，倒也是个痴情种子。"

翁瑞午没有什么人生的目标，爱开开玩笑，逗逗乐子，所以活得自在逍遥。陆小曼听任他讲，不加置喙。有一次翁瑞午又与众人嘻嘻哈哈地说："你们晓得吗？小曼可以称为海陆空大元帅。因为：王赓是陆军，阿拉是海军少将，徐志摩是飞机上跌下来的，搭着一个'空'字。"他说完自己哈哈大笑，也许本是无心，但听者总觉得有些粗俗，何苦拿死者开玩笑？"海陆空大元帅"终让人觉得是贬抑，是讽刺，但或许还带着醋意，不平，只能以唠叨的方式絮絮地讲个不停。他还讲到徐志摩跟俞珊的事情，更是洋洋自得，一发而不可收："这个志摩啊，吃起'豆腐'来简直是旁若无人，穷形极状。有过一次，俞珊到上海来演出，这个女人作风大胆，使得多少男人都拜倒在石榴裙下，志摩也是其中之一。有一次，阿拉大家都挤到了后台，围绕在俞珊的身边，俞珊正化着妆，忽然喊道：'啊哟，真要命，我要小便，我要小便。'奇怪么？阿是十三点？你要小便就去厕所好了么，何必对着大庭广众叫喊？嗨嗨！偏偏有个徐志摩，也不知是书呆子本性，还是诗性大发作，还是装憨吃'豆腐'，居然急急忙忙到处找，结果还居然找到了一个痰盂，一本正经双手捧着，口里喊道：'痰盂来哉！痰盂来哉！'一路小跑到俞珊面前。你瞧，他不是个大宝贝。"有时候还故意朝小曼望望，似乎在表明他们两人可都是见证者，她也跑不掉似的。小曼对于他这一套嘲笑的话，是见怪不怪了，也不加争辩，听之任之。

陆小曼与王赓，几乎是陌生人，在心灵上没有什么联结；小曼与徐志摩，是浓情似火继而撕心裂肺直到肝肠寸断，所以容不得丝毫怠慢，越在乎就越计较。但是对于翁瑞午，她似乎有一种笃信，他就在那里，永远在那里了。说什么做什么都不会改变那种静止的状态，无须猜疑。志摩的死也让小曼变得成熟了，沧桑了，她对事情多了一层理解，世事终究不是非此即彼的，所以持着宽厚的态度。而大多数在爱情里的人，总是抓住一丝一毫去放大，作为不爱的证据，折磨自己和对方，也因为大多数人，没有这种笃信，也不能让对方产生这种笃信。记得一个航海的朋友说，他和那个初恋的女孩子，笃信对方永生不变，可是他在水上漂了半年，忽然收到她的一封信：她背叛了他。他差点跳海，甚至开始晕船，吐得七零八碎，像太空中失重的人。他说："他觉得仿佛被整个世界抛弃了，一个人在空洞里，茫茫的大海，望不到边际……"

小曼在王赓那里不知道爱情，在志摩那里消耗着爱情，只有在瑞午这里，是享受爱情。我之前以为，在爱人关系上，人和人并没有太大的区别，跟谁都一样，一样地苦，如此，何苦换来换去。可是这三个人对待小曼却截然不同，也许，快乐是存在着的吧。像张爱玲说的："我要你知道，在这个世界上总有一个人是等着你的，不管在什么时候，不管在什么地方，反正你知道，总有这么个人。"你要找到与你剖开两半的苹果的那一半，才能严丝合缝，顺遂从容。难怪志摩要找灵魂的知己。可是，切开的苹果，我们的那一半在迅速腐烂，即使找到，也已经不是原来的模样，也合不到一块了。没有人是在真空中活着的。

爱，就爱她的缺点吧。像翁瑞午一样，不指责，不要求，只是默默地守护。

有一晚，瑞午正小心翼翼守护着小曼，胡适来了，径直入屋，对瑞午不理不睬。清高的才子是看不惯这类沦落的人的，可是小曼却知道他的好。胡适直到抗战胜利后仍不死心，寄信给小曼说，可从速来南京，由他安排新的生活。小曼看后，说："瑞午虽贫困至极，始终照顾得无微不至，二十多年了，吾何能把他逐走？"小曼没有回复胡。小曼的身上是有丈夫气的，胡适提出这样一个违背心性的条件来，是空认识了小曼一场。

小曼是重情之人，所以舍胡适取瑞午。小曼的选择没有错，或者说志摩的眼光也没有错，他托付瑞午照顾小曼，任由他们的关系自行发展，是否冥冥中已经预感到自己不能陪小曼走到最后？爱一个人至此，也算是极致了。

为讨佳人欢心，翁瑞午先变卖家中古玩字画，连茶山与房产也卖尽，竟至倾家荡产，对小曼可谓尽心竭力。他绝不是胡适之流眼中的花花公子，只是贪欢。直到晚年依然不离不弃，这样的人也算情深义重了。待到小曼年老色衰、颊萎腮瘪、形如枯槁、体力无几，他依然不离不弃，待她一如当初。有人叹息人生若只如初见多好，其实，岁月这把锋利的刀是辨识真情最好的利器，情若真，便能坚若磐石，岁月又能算得了什么？厌倦源于虚假，自欺欺人。

他为她倾家荡产补贴生活，救治病痛，终生不歇，无怨无悔。这难道还不是可敬可叹的吗？

有人说："人们可以为金岳霖先生之爱林徽因而赞叹不绝，却会为翁瑞午之恋陆小曼的不离不弃而看轻乃至低贱于他们。金岳霖的爱太圣人了，其实他何尝不想与林徽因琴瑟相谐，无奈林徽因不是陆小曼，她可以把这些情感收敛于嘴边的一个微笑。而陆小曼的爱是凡俗生活，是可以摸透她的泪水浸染与欢笑莹润的，他们是这样真实而悲恸，这样美好而欢快。"

林徽因之爱是张爱玲屏风上绣的那只鸟，陆小曼之爱是一顷碧波中那条鲜红的游鱼。

陈巨来为翁瑞午镌刻一方三十二字的圆朱印闲章，印文："吉金寿石，藏书乐画。校碑补贴，玩磁弄玉。击剑抚琴，吟诗谱曲，均是瑞午平生所好。"由此可见，他确非一般的官宦子弟可比，在绘画上，他也是小曼的一位隐形老师，在谋篇布局、笔墨设色、落款题跋等方面都尽心尽力，口授指教，相互切磋。知己加艺友，其中乐趣，恰有几分神仙眷侣的模样。据说现存小曼的画，有翁瑞午代笔之作，绘画的过程能把两个人联结在一起，如同小曼与志摩合作之剧本。

1941年，两人生活愈发困难，陆开始卖画。《申报》上刊登《陆小曼山水润例》："堂幅每尺四十元，立轴照堂幅例。纨摺扇每握五十元。册页每方尺四十元。手卷及极大极小之件面议。加工重色点景金笺均加倍。墨费一成。润资先惠约期取件。劣纸不应。收件处：本外埠各大笺扇庄及福熙路福熙坊三十五号本寓。"在当时论画技，小曼并非最出色者，但是她的名最高，画润之高也只有江采、顾青瑶可比。

11月，陆、翁两人假座上海大新公司四楼的大新画廊举办画展，有山水、花鸟作品多件，其中翁瑞午作品居多。以小曼的名气加上翁瑞午的人脉，藏家、朋友、学生捧场颇多，画的销售超出预料，改变了两人的窘迫生活。但由于小曼的烟瘾和身体状况，用功不够，也阻碍了她向高层次发展，令人惋惜。小曼绘画老师贺天健就曾说她，"天分很高，就是不用功"。同乡恽茹辛在《民国书画家汇传》中评论道："因天分甚高，故进境颇速，所作山水，秀逸如其人。惟不多作，得者益珍之。"

翁瑞午晚年得了肺病，后来扩展成肺癌。陆小曼虽然此时已经让他搬出去了，但对瑞午照顾尽职尽责，翁香光回忆说：

> 我爸爸病重时，陆小曼也照顾的。晚上我叫她去睡，我们陪夜，她不肯，她说：我还是不要去睡。我后来说：你人吃不消的，你再倒一个，两个人都倒下来，都是我们的责任。我们做子女的吃不消的。你还是上去睡吧。

1961年1月9日，翁瑞午去世。

陆小曼在翁瑞午去世时刚吃过很多安眠药，为其送终时跌跌撞撞的，却没有流眼泪。她再没有徐志摩失事时那样撕心裂肺，瑞午的去世对她生活上的冲击远没有那么大，是因为志摩失事是意外，是突发事件，她有悔恨，有遗憾，而瑞午是因病离世，一步步慢慢地走向死亡，是自然规律使然。她天天看着他往那里走近，早有心理准备。这是和她在一起生活时间最长的一个男人。

翁瑞午临死前，曾把赵家璧和赵清阁约到家里，对他们抱拳说："今后拜托两位多多关照小曼，我在九泉之下也会感激不尽的。

无论如何，小曼是幸福的，她比悲惨的萧红幸福多了，她生命中的三个男人，都是深爱她的。

第六章 | 身世飘零雨打萍

推心唯赤诚，人世常留遗愿在。
出笔多高致，一生半累烟云中！

——王亦令、乐亶所作挽联

形影相吊

之前，没有名分的生活也并不是没有给小曼带来烦恼。翁瑞午要两头照顾，不只属于她一个人；外面浮言不断，小曼虽不在乎，但也会影响她的情绪。她也觉得这种生活方式是不健康的，也想要有自己的生活，但一个病恹恹的弱女子又能如何？

好友赵家璧和赵清阁也来劝小曼独立生活，摆脱翁瑞午。赵家璧说："小曼，你如果和翁绝交，那就可以澄清外面的流言。"

陆小曼不以为然，反驳他说："志摩死了我守寡，寡妇就不能交朋友吗？志摩生前他就住在同楼里，如今他会搬出去吗？况且十几年来他很关心、照顾我，我怎么可以如今对他不仁不义？外间的流言，我久已充耳不闻了，反正我们只是友谊关系，别人怎么看，随它去，我问心无愧。"

赵家璧直率地说:"那位'好友'是一个道德败坏的人,熟识的朋友背后唾骂他,也责备你,你为他付出得够多了,不能再被他拖到污泥里愈陷愈深。"

赵清阁也在边上旁敲侧击:"必须及早自拔!他的做人作风,很难被新社会谅解,你的宽容是保不了他的!"

小曼似乎被说动了,有点担心地问:"你们要我离开他,那我没有生活来源,你们要我怎么生活呢?"

赵家璧乘机说:"你应该下个决心,紧缩开支,把家里吃闲饭的亲戚遣散,以减轻负担。同时要打起精神来作画、写文章,生活是完全可以自立的,并没有你想象得那样难。"

赵清阁随即说:"当然,我们这些朋友也会尽力来帮助你的,和你一起来攻克难关,好吗?"

陆小曼听了他们一席话,想想自己这些年来的生活,也想摆脱了,就说:"我接受你们的意见,但要他立刻搬出去,恐怕不行,我要好好地和他谈谈,我想他会理解的。你们放心,我一定振作起来,用我的笔自力更生!谢谢你们的关心、鞭策!"

小曼似乎看到了希望,对于未来的生活又有了一些憧憬。

这次谈话对小曼很有效,不久她就恢复了她的丹青生涯。她的画受到了很多人的欢迎。渐渐地,她又开始参加一些社会活动,和朋友们又有了交往。有一次,赵清阁和画家傅抱石、戏剧家赵太侔、舞蹈家俞珊去看她,大家一起在她家讨论京剧《霸王别姬》。傅抱石这是第一次拜访陆小曼,从她家里出来后,对赵清阁他们说:"陆小曼真是名不虚传,堪称东方才女;虽已年过半百,风采依旧。"

可见陆小曼的风华绝代不是传说,而且不会因为岁月的摧残失去光彩。苏雪林也有第一次见到陆小曼的记录:"我记得她的脸色,白中泛青,头发也是蓬乱的，一口牙齿，脱落精光，也不另镶一副，牙龈也是黑黑的，可见毒瘾很深。不过病容虽这样憔悴，旧时风韵，依稀尚在，款接我们，也颇温和有礼。"

20世纪50年代，上海美协举办一次画展，其中有一幅陆小曼的作品。陈毅有一次去参观，看到画上署名"陆小曼"，就问身边的人："这画很好嘛！她的丈夫是不是徐志摩？徐志摩是我的老师。"陈毅听过徐志摩的课，提到"老师"这个词，大概很有些感慨。当别人说"是的"后，陈毅诧异陆小曼画得如此出色，又得知小曼住在上海，生活无着，陈毅就说："徐志摩是个有名的诗人，陆小曼也是个才女，这样的文化老人应该予以照顾。"不久小曼就被安排为上海文史馆馆员，这虽然是个虚职，但每个月能拿到几十块钱，能维持最基本的生活，也让她有了信心。

《上海文史馆馆员录》上是这样写的：

171——56027，陆小曼（1903—1965），别名小眉，女，江苏常州人，1956年4月入馆，擅长国画、专业绘画和翻译。

有一天，小曼去参加上海市委在市委大礼堂召开的会议。当她到达时，大会已经开始。她打算找个会场后排的座位，但工作人员见她来到后，马上招呼她去会场前面就座，并领她在一位一看就知是首长的身边坐下。那位首长亲切地问她：近来身体可好？是否在画画？并说将来画得多了，可以开个画展，还叮嘱她当心身体，不要过度劳累。小曼心里热乎乎的，但不便问这位首长姓名。大会休息时，小曼出去，钱瘦铁问她，你怎么认识陈市长？跟市长谈了些什么？她才恍然大悟，原来刚才坐在她旁边与她亲切交谈的是陈毅市长，怪不得看着有些面熟，她在报刊上看到过他的照片。日理万机的一市之长，竟然关心到她一个人，她感到温暖和幸福。

刘海粟曾在《我所认识的徐志摩和陆小曼》一文中写过："六十年代初，毛泽东到上海视察工作，问起陆小曼，听说她患病无力求医，就对上海有关部门说：'陆小曼也是文化界老人了嘛，二十年代是颇有名的，要适当安置。'于是上海就安排她当了文史馆馆员。"

不知道以上两个说法哪个更确实。贾馨园、许宏泉等也曾在文章中提过毛泽东打探陆小曼，要对之照顾优渥些。

1956年，陆小曼加入了农工民主党，成为徐汇区文艺支部委员。又被上海画院吸收为专业画师，次年，当上了上海市人民政府参事室参事……虽然大多都是虚的，但这些社会职务给了她很大的自信和较体面的地位，还给了她可以充分发挥的平台。当上画师，就得每年交几幅画出来，陆小曼留存至今的画大多是这个时期画的。

美术家张振宇与陆小曼是好朋友，非常关心她的生活，曾给小曼写信说："你是一个体力孱弱的人，病魔缠身的人，今天你能决心戒去嗜好，又愿自力更生，这是你的一大转变！何况你说：'不死，就要好好地活下去。'你应该活下去，活得更有意义，就是'工作'两个字。"也可见出小曼已经自力更生了，这是新社会给她带来的变化。

1957年的一天，好友韩湘眉由美国来华探亲，顺便来看望陆小曼，打了几个电话没找到人。小曼知道后向上海美协主席赖少其说，她不想去见这位定居国外数十年没见的老朋友，因为在她看来，在国外定居是不爱国的表现。但赖少其鼓励她去见。

韩湘眉说："你快胖得我认不出来了，你的精神这么好，我真想不到啊！"韩湘眉告诉她，在国外的朋友都记挂着她，都以为她什么也不能做，生活无着，所以委托韩代大家给她一点帮助。小曼非常感动这么多朋友都还记着她，但是她谢绝了韩湘眉带来的大家资助的钱，说自己有工作，有收入，心意领了。

1960年，陆小曼还看见了在善钟路上闲逛的王映霞，久别重逢，分外亲热。小曼请王去家里坐坐，她住的四明村离善钟路很近。在王映霞眼里，小曼虽有些胖了，但"徐娘半老，风韵犹存"。小曼诉说这二十来年的经历，"过去的一切好像做了一场噩梦，酸甜苦辣，样样味道都尝遍了。如今我已经戒掉了鸦片，不过母亲谢世了，翁瑞午另有新欢了，我又没有生儿育女，孤苦伶仃，形单影只，出门一个人，进门一个人，真是海一般深的凄凉和孤独，像你这样有儿有女有丈夫，多么幸福啊！如果志摩活到现在，该有多美啊！"

也许这才是小曼的心声，"海一般深的凄凉和孤独"！

情深潭水

小曼人缘极好。男有梅兰芳，女有陆小曼，他们都是宅心仁厚、颇讲义气的人。徐志摩的堂侄徐炎说："陆小曼总是把朋友们的困难放在首位，先人后己地帮助别人，毫不吝啬，即使在自己条件已相当困难时也是如此。"

小曼对下人也很好。生活非常困难的时候，仍旧慷慨，管好她们的生活，不轻易辞退她们。对亲人更是照顾，表妹吴锦一家三口的生活都由她来承担，照顾堂侄女陆宗麟直到结婚，堂兄陆耀武去台湾，她真诚地要把陆耀武的女儿陆宗恒接到身边照看。因她与翁抽鸦片，陆耀武谢绝了，但陆宗恒成年后忆起往事还是对小曼充满感情的。

小曼还热衷帮别人调解夫妻关系，促其家庭和睦。也许是因为自己婚姻的悲剧，她觉得夫妻之间应该互相体谅、互相爱护。朋友乐幻智的儿子乐宣专心书画与儒家经典，妻子对他很不满，小曼就时常劝导；与小曼一起翻译外国名著的王亦令与妻子小琴也经常吵架，小琴每每告到小曼处，小曼总有办法化解他们的矛盾，让两人和好。以至小曼去世后，小琴还和小曼表妹吴锦经常去小曼骨灰处凭吊。

有些人自己得不到幸福，也不愿意看到别人拥有幸福；有些人自己失去了幸福，就千方百计地使别人珍惜幸福。事后方知悔，小曼所做的一丝一毫都是在忏悔，是在安慰自己，她在别人的笑脸上寻找欣慰，这也是一种纪念。

有些人与小曼保持大半生的友谊，比如江小鹣、贺天健；有些人从远方来拜望小曼，一见如故，比如赵清阁、玄采薇。

作家赵清阁曾听梁实秋、郑振铎讲起陆小曼的际遇，对她赞誉有加，于是赵清阁写信给小曼要去看她，小曼非常高兴，盼望她去。1945年12月的一天，天气很冷，阳光却好，赵清阁抽出时间去看小曼，走到福煦路上，萧条寂寞，落叶狼藉，她不禁感叹："这正是诗人住的环境啊。"

经女仆指引进入客厅，她打量着，客厅相当大，陈设古老，药香气氛颇浓，一张长方的画桌上，笔墨颜料零乱地散置着，案头铺了幅刚刚续就的山水，案面嵌玻璃板，底下压了一张徐志摩的便装照片，躺在草地上，拿着一支香烟，潇洒出尘，神情活现。小曼作画的时候，也还需要志摩的遗影伴着她，安慰她。四壁满是书画，左壁角悬了一张陆小曼放大像，与她相对的是徐志摩的放大像。赵清阁说，人亡影在，看了令人肃然起敬，不胜悲悼之至！

小曼走进客厅，穿了一件黑色羊毛袍，身体瘦弱，脸色苍白，好似患了贫血症。

两人初次见面，却一见如故，相谈甚欢，就是这一次小曼跟清阁讲了她那个奇异的梦。赵清阁鼓励她说："《全集》一定要出，中国文坛是视它为珍宝的，志摩先生是不会被人遗忘的，他将长存在读者的记忆里！"

小曼狠狠地抽了几口烟，纤弱的手因激动而发抖，她说："志摩死了十四年了，十四年的世界上再没有了他，也永远毁了我。"

清阁劝道："春天就要到了，一切都将开始新兴，希望你从此振作起来，老闷在屋子里对身体无益，应当尽可能多出去走走。"她回去之后又写信给小曼，希望她摆脱颓丧，重新振作。从此，她成为小曼晚年中最要好的姐妹，她们交往一直不断。在清阁的劝导下，小曼走出了她的小楼，去清阁及其以前一些老朋友家里坐坐，送些扇面书画之类的，她身心也渐渐好了一些。

小曼给赵清阁的信中写道："十几年来我觉得一切都是空虚，一切的事我都看得太清楚，所以反而觉得一切都是无所谓，因此我的心神一天天往下沉，快沉到没影儿了，现在你给了我一种特别兴奋，使我死了的一切又有一点复活的希望了。"

陆小曼在华东医院病逝，也是赵清阁陪在她身边。

朋友有生活的朋友、精神的朋友、利益的朋友。利益的朋友自不必说，无利不起早，没有利之后联结也就断了；而生活的朋友，闲时聊聊天，逛街喝茶购物，诉诉生活的苦，锦上添花；只有精神的朋友，才能够解内心的苦闷，设身处地地为对方着想，雪中送炭。

志摩这边的朋友，刘海粟对小曼忠贞不贰，他们是同乡，她又是他的学生。海粟去硖石玩，给小曼带好吃的好玩的。出国，志摩也写信让他给小曼带些织物，海粟照办。刘海粟心中常常感喟，小曼当年风华绝代，艳惊京华，如今却连生活用品都不能齐备。

1947年，刘海粟办画展，小曼虽身体不好，懒得动笔，但提笔写了一篇《牡丹和绿叶》为海粟捧场。为这样的朋友做事，她愿意，懒散的个性也变得利落。小曼的文章不足千字，但行文流畅，对刘海粟及其太太赞誉有加：

> 望眼欲穿的刘大师画展在廿一日可以实现了，这是我们值得欣赏的一个画展。中国的画家能在同时中西画都画得好，只有刘大师一人了。他开始是只偏重西画，他的西画不但是中国人所共赏，在

欧洲也博得不少西洋画家的钦佩。我记得当年志摩还写过一篇很长的文章，讲欧洲画家们怎样认识与赞美刘大师的画呢！后来他回国后又尽心研究中国画，他私人收集了不少有名的古画，件件都是精品。因为他有天赋的聪明，所以不久他就深得其中奥秘；画出来的画又古雅又浑厚，气魄逼人，自有一种说不出（的）伟大的味儿！我是一个后学，我不敢随便批评，乱讲好坏，好在自有公论。

我只感觉到一点，就是我们大师的为人，实在是在画家之中不可多得的人才；他不仅是关着门在家里死画，他同时还有外交家与政治家的才能，他对外能做人所不敢做的，能讲人所不敢讲的。就像在南洋群岛失守时，日本人等着他的时候，他能用很镇静的态度来对付，用他的口才来战胜，讲得日本人不敢拿他随便安排。他在静默之中显出强健，绝不软化，所以后来日本人反而对他尊敬低头。在没有办法之时只好很客气地拿飞机送他回上海；这种态度是真值得令人钦佩的。

还有他做起事来不怕困难，不惧外来的打击，他要做就非做成不可，具有伟大的创造性。为艺术他不惜任何牺牲，像美专能有今日的成就，他不知道费了多少精神与金钱；有时还要忍受外界的非议，可是他一切都能不顾，不问，始终坚决地用他那一贯的作风来做到底，所以才有今天的成功。

最近他对国画进步得更惊人，这次他的画展一定有许多意想不到的好画。同时还有他太太的作品！这是最难得的事情。她虽然是久居在南洋，受过高深的西学，可是她对中国的国学是一直爱好的；尤其写字，她每天早晨一定要写几篇字之后，才做别的事情，所以她的字写得很有功夫，柔丽而古朴，又有男子气魄，真是不可多得的精品。有时海粟画了得意的好画再加上太太一篇长题，真是牡丹与绿叶更显得精彩。我是不敢多讲，不过听得他夫妇有此盛事，所以胡乱地涂几句来预祝他们并告海上爱好艺术的同志们，不要错过了机会！

邵洵美写《天上掉下一颗星》纪念志摩："这世界有寒凛的孤单，我怕，你不能忍受。"他懂得志摩。志摩去世后，小曼哀卧家中，洵美去探望，约她写志摩译作《云游》序。在他最穷愁的时候，还记得小曼的生日，家徒四壁，硬是找出一颗白色寿山石图章，乃吴昌硕亲刻，拿去卖了十块钱，请小曼吃了顿饭，小曼很快乐。

邵洵美因特务罪被捕，放出来时小曼去看他，疲弱不堪，洵美高兴，小曼只觉得心酸。人心需要温暖，而朋友不再让你孤单，总能取暖。小曼去世后，洵美写诗悼念："有酒亦有菜，今日早关门；夜半虚前席，新鬼多故人。"

志摩的姻亲陈从周，与小曼为善。志摩的朋友因为顾及个人隐私，闹得鸡飞狗跳，传记最后也没写出来，反倒是一个不起眼的表妹夫，认真搜集资料，编写了《徐志摩年谱》。不过这本书与小曼编书一样遇到了困难。人走茶凉，死前朋友众多，死时备极哀荣，死后却无人过问。他请赵景深作序，赵不肯，徐悲鸿则让他搞鲁迅研究，但他却怀着"无缘无故的爱"，自费出版了《徐志摩年谱》。他对徐、陆的关系摩擦原因，从旁观者照见不为人知的侧面，在《记徐志摩》里写："志摩死的上半年农历三月初六，母亲去世，徽因正在病中，寄给志摩一张她在病榻中的照片，背面还题上了诗。他偷偷地给我妻看过……"徐、陆感情危机中，林处于什么地位，无法言说，但的确微妙。从记述看，陈从周是站在小曼一边。陈从周懂小曼的画，以她为骄傲。有人数说名家画，提到陆小曼，陈立刻精神焕发，说："你还晓得陆小曼？！"

小曼临终把《志摩全集》托付给陈从周，他送去北京图书馆，才免"文化大革命"中受损。多少年后，他在浙江博物馆看到了当年他送去的原件，悲喜交集。这样的人有一种情怀，有一种理想，有一种精神存在着，是靠信念活着的，不以物喜不以己悲。

陆小曼与王亦令是极好的朋友，但是对于原则问题却从不袒护。在"反右"运动中，王亦令揭发了他的篆刻老师陈巨来及陆小曼，陈巨来十分不满，小曼也严词相责："不管什么原因，批老师总是不对的。你批了我，我的的确确不在意，正由于我对你批我不在意，所以我现在才这样站在客观的立场上对你直言相劝，我是老实不客气地要责备你的。你把祖宗三代、父母尊长全骂到了，我很不赞成。要是我做你，我肯把自己随便怎样骂都行，要我骂尊长，杀了我也不行。"

对于自己，小曼似已跳出三界外，不在乎的，可是基本人伦她是要捍卫的，这也表现了她知书达理的一面，对于不通人性的行为是疾恶如仇的。

频频执笔

久别重逢，陆小曼对王映霞说："幸而生活还安定，陈毅市长聘我为上海文史馆馆员，后调为市人民政府参事，上海中国画院又聘我为画师。我只好把绘画作为我的终身伴侣了。"如果志摩在天有灵，也一定会感到欣慰，小曼终于慢慢变成他希望的样子，戒鸦片，不去娱乐场所做无谓的社交，静下心来编书、画画、写文章、翻译作品。

陆小曼的文章大多是对志摩深深的思念郁积而成的。从1931年的《哭摩》始，小曼对志摩的怀念历经几十年没有丝毫减弱。她的无止境的怀念也通过她的一篇篇文章表达出来。

如《随着日子往前走》一文，借应杂志写东西这件事，叙述了自己相当虚弱的身体，叙述了自己痛苦的心灵。没有一字提及志摩，但整篇文章其实就是对志摩深沉的怀念：一病不起是为了志摩，病稍好些想动动笔又怕想起志摩。思念对她是折磨，还是什么都不想了吧。《中秋夜感》一如既往，延续思念，更加让人感动："并不是我一提笔就忘不了志摩，就是手里的笔也不等我想就先抢着往下溜了。""我只觉得留着的不过是有形无实的一个躯壳而已。活着不过是多享受一天物质的应得，多看一点新奇古怪的戏闻。""所以我老以为他还是在一个没有人迹的地方等着呢！也许会有他再回来的一天的。"她与他在心灵上更贴近了。

泰戈尔孙子写信来联系又错过，以此缘由小曼又写了《泰戈尔在我家做客——兼忆志摩》，有志摩死后自己麻木的心情，徐志摩去印度拜望泰戈尔的情形以及志摩去世前一年的痛苦心情。这些材料对徐志摩生活和思想的研究是极其珍贵的。

1946年，赵清阁应赵家璧之约，为晨光出版公司编一本《现代中国女作家小说专集》。赵清阁邀请当时的著名女作家如苏雪林、冯沅君、袁昌英以及冰心、沉樱等人撰稿，特别邀请了陆小曼。都是为了让小曼奋起，赵家璧也很支持，邀两人一起在家中吃饭。他们不停地劝小曼改变生活方式，再拿起笔。小曼感动了，说："谢谢你们的鞭策，我一定戒绝不良嗜好，否则我对不起你们，也对不起志摩。"始终忘不了志摩，他是一个激励她的标枪。

1947年，小曼下决心戒鸦片，住进了医院，通过医院精心治疗，加上小曼自己也争气，她的健康有了好转。随后她就住进了堂侄女陆宗麟家休养。

但是由于长期吸鸦片，冷不丁地戒除，身体又开始犯病了，小曼戒鸦片是反复几次进行的。丁言昭在《悲情陆小曼》中写道：

  1948年，翁瑞午送陆小曼去戒烟所。她在医院里住了六周；第二年5月，陆小曼的肺和胃出了毛病，只吐不吃三个月，在床上睡了十三个月才好。1951年身体稍好些后，又开始抽烟，这年冬天再去戒烟。

小曼戒烟的苦状从她给赵清阁的信中可以看出来：

清阁：
  今夏酷热甚于往年，常人都汗出如浆，我反关窗闭户，僵卧床上，气喘身热，汗如雨下，日夜无停时，真是苦不堪言。本拟南京归来即将余稿写完奉上，不想忽发喘病，每日只能坐卧，无力握笔，不知再等两星期可否？我不敢道歉，我愿受责。

  尽管如此奇热，小曼还是坚持写完了近两万字的小说《皇家饭店》，编入晨光出版的《无题集——现代中国女作家小说专集》。后来湖南文艺出版社再版该书时，赵清阁把书名改成《皇家饭店》，可见赵对小曼的重视。

  这是小曼留下来的唯一一篇小说，她的作品还是散文多些，除小曼日记和前面那几篇，就是序言。1957年4月，卞之琳编《志摩诗选》，想让小曼提供诗人的照片和手迹，小曼很高兴地提供了所需物件，还写了一篇文章。但因"反右"运动扩大化，《志摩诗选》未出版，这篇文章也压了箱底，她的堂侄女陆宗麟保存了这篇文章的底稿：

写诗真不是一件简单的事情，又要环境的吻合，本身的思想同艺术水平，并不是随时随地地就能产生出来的。志摩写诗最多的时候，是在他初次留学回来，那时我同他还不相识，最初他是因为旧式婚姻的不满意，而环境又不允许他寻他理想的恋爱，在这个时期他是满腹的牢骚，百感杂生，每天彷徨在空虚中，所以在百无聊赖、无以自慰的情况下，他就将一切的理想同愁怨都寄托在诗里面，因此写了不少好的诗。后来居然寻到了理想的对象，而又不能实现，在极度失望下又产生了多种不同风格的诗，难怪古人说"穷而后工"，我想这个"穷"不一定是指着生活的贫穷，精神上的不快乐也就是脑子里的"穷"——这个"穷"会使得你思想不快乐，这种内心的苦闷，不能见人就诉说，只好拿笔来发泄自己心眼儿里所想说的话，这时就会有想不到的好句子写出来的。在我们没有结婚的时候，他也写了不少散文同诗歌，那几年中他的精神也受到了不少的波折。倒是在我们婚后他比较写得少。在新婚的半年中我是住在他的家乡，这时候可以算得是达到我们的理想生活，可是说来可笑，反而连一句也写不出来了！这是为什么呢？可见得太理想、太快乐的环境，对工作上也是不大合适的。我们那时从早到晚形影相随，一刻也难离开，不是携手漫游在东西两山上，就是陪着他的父母欢笑膝下，谈谈家常。有时在晚饭后回到房里，本来是肯定要他在书桌、灯下写东西，我在边上看看书陪着他的，可是写不到两三句，就又打破这静悄悄的环境，开始说笑了，也不知道哪里来的那许多说不尽、讲不完的话。就是这样一天天地飞过去，不到三个月就出了变化，他的家庭中，产生了意想不到的纠纷，同时江浙又起战争，不到两个月我们就只好离开家乡逃到举目无亲的上海来，从此我们的命运又浸入了颠簸，不如意事一再地加到我们身上，环境使他不能安心地写东西,所以这个时候是一直没有什么突出的东西写出来。一直到他死的那年,比较好些,我们正预备再回到北京,创造一个理想的家庭时,他整个儿地送到半空中去,永远云游在虚无缥缈中了。

今天诗集能够出版,真使我百感俱生,不知写了哪一样好,随笔乱涂,想着什么,就写什么。总算从今以后,三十六年前脍炙人口的新诗人所放的一朵异花又可以永远地开下去了。

小曼的主要成就是绘画方面。

母亲给她打下绘画基础,她又在圣心学堂学油画,后来拜刘海粟为师。

那是1925年,有一次徐志摩、刘海粟、胡适等去陆小曼家玩,刘海粟看到小曼的画作说:"你的才气,可以在画中看到,有韵味,感觉很好,有艺术家的气质,但笔力还不够老练,要坚持画下去,一定能成为一个好画家。"

小曼边点头边说:"我就是没有一个好的老师,自己瞎玩儿呢。"

胡适接着说:"海粟,你应该收这位同乡女弟子,她是很有艺术天赋的。"

"如果刘先生肯收,我就叩头了!"陆小曼乘机下拜。志摩在旁欣慰地笑了。

1930年,徐志摩又请贺天健为小曼老师,为了防止小曼偷懒,贺与小曼约法三章:一、老师上门,杂事丢开;二、专心学画,学要所成;三、每月五十大洋,中途不得辍学。这样高的学费也是为了鞭策小曼用功。如此种种约束,小曼果然潜心学画,画艺得到了长足的进步。贺天健要小曼看真山真水,看古今名画,看自己的作品。

徐志摩过世后,又经凌叔华介绍,拜陈半丁学画花鸟。

因思念和病痛,学学停停。

小曼还参加了一些画展,展出自己的画,颇受到业界的重视和好评。

可惜小曼创作懈怠懒散,一直不够自觉,所以留传下来的作品不太多,但也有百幅左右。这些画分别收藏在上海中国画院、上海博物馆、浙江博物馆、海宁博物馆及一些私人收藏者手中。有《太似石溪山居图》《意在倪黄之间》《翠峰冥色图》《寒林策杖图》《黄山烟云》等。近年来,陆小曼的画上了拍卖会,有《临黄鹤山樵山水》《柳岸渔归》《万花留向故园开》《闲亭醉酒图》等,其画作成交价一幅近十万元,如《人物》《晚渚轻烟》《溪山高隐图》则突破了十万元。

陆小曼是"以人传画"。如果她没有离开王赓,没有与徐志摩的曲折的爱情故事,也许她的画不会像今天那样被人追捧,甚至层出赝品。包铭新在《海上闺秀》一书中说:"陆小曼作品留存不多,市场需求却大。很多对书画艺术不甚了解,但对徐陆恋情十分感兴趣的好事者,以得陆小曼遗墨为荣。所以,近年她的赝品比例较大。在古董店或拍卖会上所见之陆小曼书画,十之八九是赝品。作伪方法以割款添款为主;新仿较少,但亦时有所遇。这类新仿常使用旧材料,晚清民国留下的宣纸、笺纸、绢以及空白册页和对联,都被用来造假。这样做,材料成本较高,故需请高手来作画题跋,赝品的'程度'也随之提高,增加了鉴别的难度。"

合葬遗愿

小曼与志摩是生死相许,小曼与瑞午是相濡以沫,但二者都先她而去,她又没有子女,小曼的晚年,总有些冷。

小曼五十岁大寿,齿落发脱,看见小曼当年模样的人谁都不会想到她也有老去的一天,美人最怕迟暮。

赵清阁为小曼祝寿,送上一束墨菊和黄菊,小曼亦是人淡如菊。赵清阁四十岁生日时,她又请了小曼、陆晶清、沈寂在衡山饭店吃饭。小曼穿旗袍,外罩人民装。她不喜欢穿长裤，小曼这样瘦，若穿了长裤，大概会细脚伶仃，寒碜异常，但穿她穿惯了的旗袍就不一样了，楚楚可怜，惹人怜爱。

1964年，陆小曼替成都杜甫草堂画完了四张子美诗意山水条幅。这时，她的身体已经非常虚弱了。到了10月，就住进了医院，主要是肺气肿和哮喘。在中秋节那天，赵清阁买了几个月饼给她，她的鼻孔内插着氧气管，憔悴不堪。她气喘吁吁地对赵清阁说："难为你想到我，今年还能吃上月饼，恐怕明年就……"过了一会儿，她又低声说，"我的日子不会多了，我是一个无牵无挂、家徒四壁的孤老，是解放救了我，否则我早死了，我感激共产党。"

中秋月圆，她却孤零零地躺在医院里，遥想当年昏厥住院，被亲人朋友环绕，为她忙忙碌碌。如今想来，真如《红楼梦》的结局，落魄潦倒的宝玉踽踽独行，想起当年的温柔富贵乡，恍如一梦。

  陋室空堂，当年笏满床；衰草枯杨，曾为歌舞场。
  蛛丝儿结满雕梁，绿纱今又糊在蓬窗上。
  说什么脂正浓、粉正香，如何两鬓又成霜？昨日黄土陇头埋白骨，今宵红绡帐底卧鸳鸯。
  金满箱，银满箱，展眼乞丐人皆谤。
  正叹他人命不长，那知自己归来丧？
  训有方，保不定日后作强梁。
  择膏粱，谁承望流落在烟花巷！
  因嫌纱帽小，致使锁枷杠；昨怜破袄寒，今嫌紫蟒长。
  乱烘烘你方唱罢我登场，反认他乡是故乡。
  甚荒唐，
  到头来都是为他人作嫁衣裳！

赵家璧来看小曼。小曼对他说起志摩，她相信如果徐志摩活着，他一定不会跟着走胡适的道路，他可能会走闻一多的道路。她叹气地说："唉，志摩要是不坐那架小飞机就好了。"赵家璧与她一起感叹着，不过，他与小曼的理解不同，他说："至于他会走什么路，还是茅盾说得对，'我们不便乱猜'，但他留下的文学作品，将永远成为新中国文学宝库的一个重要组成部分。"

陆小曼嘱咐赵家璧说："有机会的话，请你帮着出版那套《志摩全集》。"

入冬，小曼的病情更严重了，咳嗽不止，人也更加消瘦了。

1965年春末，赵清阁又去看小曼，小曼忧伤地说："我不会好了，人家说六十三岁是一个关口……最近我常梦见志摩，我们快……快重逢了！"赵清阁只能劝："你这是干什么？别乱想了，好好养病才是正理。"她也十分无力，沉默了一会儿，她问，"有什么事要我替你做吗？"小曼希望与志摩合葬，她犹豫着问赵清阁："……你能办到吗？"赵清阁强忍着眼泪，不假思索地说："我尽力想办法，你现在养病要紧。"

志摩终究是她最爱的人，像一场梦。回光返照中，当年的倩影是否再出现，灯影里的第一次相见，远远望着，谁也没有说话。那一刻，在各自的心里是否已印下痕迹？在东单三条的街上，最辉煌的建筑群协和医院的礼堂，正为了泰戈尔演出他的诗剧《齐德拉》。林徽因饰公主齐德拉，徐志摩饰爱神，陆小曼不是演员，站在礼堂门口忙着发售演出说明书。她手忙脚乱，她眉目若画，她斜插一枝鲜花的秀发，她风雅宜人的倩影——如今都远去了，想起自己的容颜，想到台上志摩的风姿，怎不感慨万端？！

恰巧隔壁病房住着刘海粟，重遇故人，悲喜交集，长诉前尘。他们聊起久远的往事，聊起志摩，聊起那些朋友，清晰如昨。海粟说："小曼，能在这里重晤老友，也是前缘。"小曼感慨道："要不是毛主席关心，只怕我已不能在这里见到你了。"

风烛残年的岁月，只剩凄风苦雨，雨夜冰凉。

临终前，陆小曼把梁启超为徐志摩写的一副长联以及她自己的那幅山水画长卷交给徐志摩的表妹夫陈从周先生，《徐志摩全集》纸样则给了徐志摩的堂弟媳保管。因为十包中有一包是政治材料，才免于"十年浩劫"。1983年《徐志摩全集》由商务印书馆香港分馆出版。

1965年4月3日，一代才女、旷世美人陆小曼在上海华东医院过世，享年六十二岁。身边伴着吴锦、翁香光、贴身丫鬟桂珍等人，还有她的朋友赵清阁、玄采薇、孙雪泥、陈巨来、赵家璧等。小曼的灵堂上只有一副挽联，是王亦令和乐亶上的："推心唯赤诚，人世常留遗愿在；出笔多高致，一生半累烟云中！"因为此时已是山雨欲来，时局危险，文人如惊弓之鸟，怕落下文字口实的麻烦，所以有些冷清，有些凄凉。

小曼的骨灰一直没有安葬，至于她要与志摩合葬的遗愿，也无法达成。赵清阁说："我和她生前老友张奚若、刘海粟商量，张奚若还向志摩的故乡浙江硖石文化局提出申请，据说徐志摩的家属——他与前妻张幼仪的儿子——不同意。"海宁市政府重建被"文化大革命"毁掉的徐志摩墓，墓地设计师陈从周也从中斡旋，希望把小曼与志摩葬在一起，但张幼仪的儿子不答应。

小曼的骨灰一直寄存在某处，只有表妹吴锦偶尔来凭吊。直到1988年，陆小曼的堂侄、台湾的陆宗枬出资，和陆宗麒、陆宗麟一起，在苏州东山华侨公墓建造了纪念墓，墓碑上写"先姑母陆小曼纪念墓"，墓上还有小曼年轻时的照片，笑意盈盈，旁边青松环绕，同时还建有小曼父母的纪念墓。不能与志摩相守，与父母相伴也算是安慰了吧。东山风光秀丽，也投合了喜欢山水的小曼，据说这里与志摩初葬的地方同名，或许是天意。

徐家没有陆小曼的位置，陆家可是对小曼重视得很。在这里可以补一下陆家的渊源，小曼的祖先。

陆小曼祖籍江苏常州，常州是历史文化名城，涌现过一批文学家、艺术家、思想家、史学家，如黄仲侧、盛宣怀、刘海粟、华罗庚、瞿秋白等，也算是人杰地灵。陆氏是世袭大族，陆氏宗谱自东汉以来两千余年，连绵不断。在唐代，三十八世祖陆庶奉皇命把陆氏分为四十九支，小曼所在"樟村陆氏"属于"侍郎支"。小曼的祖父陆昌荣是朝议大夫，候选同知，在世时建树颇多，他去世后，夫人及儿子对孙中山领导的辛亥革命多予支持。所以，1916年，民国大总统黎元洪为荣昌公亲笔题写匾额："饥溺为怀"，为夫人刘氏题"本固枝荣"。可见小曼的家族历史源远流长。

"问渠那得清如许，为有源头活水来。"小曼如此光彩照人，鹤立鸡群，也是有家族遗风的。

陆荣昌为避太平天国之乱，迁居上海。他有三个儿子，其中老三陆子福便是小曼的父亲。

陆子福，因少年聪慧，每考必中，加之举止文雅、行事稳定，长辈为他改名陆定，是晚清举人。他早年留学日本，是日本首相伊藤博文的得意弟子，后来任国民党高官，当过财政部司长和赋税司长，也是中华储蓄银行的主要创办人。他在学问上有很深的根底，还曾在清末时期，担任贝子贝勒的老师，这些王子王孙写的文章，陆定带回家，由小曼的母亲吴曼华帮助批改，也可见出吴曼华的学问功底。

小曼以女儿之身，名列《樟村陆氏宗谱》，而且详细记录了生辰，这在宗谱上是很鲜见的，在陆家历史上更是绝无仅有。而且常州陆氏宗祠摆了小曼的牌位，可见陆家对小曼这位才女的重视，她是被后辈引以为豪的。

第七章 ｜ 凌云健笔意纵横

> 她的古文基础很好，写旧诗的绝句，清新俏丽，颇有明清诗的特色；写文章，蕴藉婉转，很美，又无雕琢之气；她的工笔花卉和淡墨山水，颇见宋人院本的传统；而她写的新体小说，则诙谐直率……
>
> ——刘海粟评陆小曼

妙笔生花

《小曼日记》稿本远远多于出版本,还以为她的勇敢和直率是没有保留的,看来她有她的顾虑和小心,也有对他人的爱护之情。比如涉及张歆海的全部删去了。张歆海与徐志摩早先就是朋友,他与胡适、志摩等人常一起去拜望小曼,后来对小曼产生了好感,在志摩游欧洲期间对小曼穷追不舍,这让小曼很苦恼,她在日记中写道:

……歆海来吃饭,他来的时间正是家中无一人,我真怕!他老问我志摩怎样。到后来我只得告诉他我爱他,我说:"歆海我很感激你对我的情,可是我只能爱你像一个哥哥似的。"他很不高兴,他要看你的信,我就给他看了几张名片同一封不关事的信。

歆海那孩子在清华简直住不惯了，没有到礼拜四又跑了出来，今晨再回去，来回的跑亦不怕烦，我真怕他——他那样的爱我！怎么办呢？只是哭——哭得我亦怪伤心的！他说他亦不知为何，他从来没有爱过别人这样的……你又没有信来，快来吧！吾爱，不然我不知怎样才好！

小曼整个爱都在志摩那里，张歆海对她的一片痴情让她既为难又无力回应，小曼刻意疏远。张歆海无可奈何，终于体会到她对志摩的深情，就慢慢退出了，后来娶了韩湘眉，夫妻双双赴美定居。

她对志摩的私语却全部保留，小曼日记的主体就是写对志摩浓浓的深情。她的思念之情、关切之意溢于言表。

现在我一个人静悄悄地独坐在书桌前，耳边只听见街上一声两声的打更，院子里静得连风吹树叶的声音都没有，什么都睡了，为什么我放着软绵绵的床不去睡，别人都一个个正浓浓地做着不同的梦，我一个人倒肯冷清清地呆坐着呢？为谁怨谁？摩，只怕只有你明白吧！我现在一切急，恨，哀，痛，都不放在心里，我只是放心不下你，我闭着眼好像看见你一个人和衣耽在车厢里，手里拿了一本书，可是我敢说你是一句也没有看进去，皱着眉闭着眼的苦想，车声风声大的也分不出你我，窗外是黑得一样也看不出，车里虽有暗暗的一支小灯，可也照不出什么来。在这样惨淡的情形下，叫你一个人去受叫我哪能不想着就要发疯：摩！我害了你，事到如今我也明知没有办法的了，只好劝你忍着些吧？你快不要独自惆怅，你快不要让眼前风光飞过，你还是安心多做点诗多写点文章吧，想我是免不了的。我也知道，在我们现在所处的地位，彼此想要强制着不想是不可能的，我自己这些日子何尝不是想得你神魂颠倒。虽然每天有意去寻事做，想减去想你的成份，结果反做些招人取笑的举动使人家更容易看得出我的心有别思，只要将我比你，我就知道我们现在是众人的俘虏了，快别辞去，一动就要招人家说笑的，反正我这一面由我尽力来谋自由，一等机会来了我自会跳出来，只要你耐心等着，不要有二心。

这篇《思君令人病》大有寒蝉凄切的意味，"耳边只听见街上一声两声的打更，院子里静得连风吹树叶的声音都没有"，两笔烘托出一个"静"的气氛，"软绵绵的床"也没有吸引力了，形影相吊，小曼独自思念的身影跃然而出。她又站在对方的角度来看这情景："我闭着眼好像看见你一个人和衣耽在车厢里，手里拿了一本书，可是我敢说你是一句也没有看进去，皱着眉闭着眼的苦想"。像苏轼的《江城子》想象对方的处境，将我心换你心，始知相忆深。

"只要你耐心等着，不要有二心。"她让志摩安心，也要求志摩让她安心，小女儿的情思跃然纸上，也见出小曼古典文学的功底，她的担忧正如《西厢记》中崔莺莺的担忧："若见了那异乡花草，再休似此处栖迟。"

小曼的散文作品有《中秋夜感》《泰戈尔在我家》《谈文房四宝》《灰色的生活》等几篇。其中《灰色的生活》一如既往地描述了她生活的悲苦黯淡，消沉和失望的情绪氤氲字里行间，但最后也希望自己能振作起来——"多画一点，多写一点东西"。

以前我最爱写日记，我觉得一个人每天有不同的动作，两样的思想，能每天记下来等几年后再拿出来看看，自己会忘记是自己写的，好像看别人写的小说一般。所以当年我同志摩总是一人记一本。可是自从他过世后，我就从来没有记一天，因为我感觉到无所可记，心灵麻木，生活刻板，每天除了睡，吃饭，吃烟，再加上生病之外，简直别无一事。十几年来如一日，我是如同枯木一般，老是一天一天的消沉，连自己都不知道哪天才能复活起来。一直到今年交过春，我也好像随了春的暖意，身体日见健康起来了。已经快半年没有生过病了，这是十年来第一次的好现象。因此我也好比久困的蛟蛇，身心慢慢地活动起来了，预备等手痛一好就立刻多画一点画，多写一点东西。

小曼很会用比喻的，"好比久困的蛟蛇，身心慢慢地活动起来了"，生动、贴切。

小曼记人记事的散文也非常生动，如先后两篇"泰戈尔在我家"（《泰戈尔在我家》《泰戈尔在我家做客兼忆志摩》），把泰戈尔老人的慈祥、平易近人、博学活画出来。

那天船到码头，他真是简单的很，只带了一位秘书叫 Chanda，是一个年轻小伙子，我们只好把他领到旅馆里去开了一个房间，因为那间印度式房间只可以住一个人。谁知这位老诗人对我们费了许多时间准备的房间倒并不喜欢，反而对我们的卧室有了好感。他说："我爱这间饶有东方风味、古色古香的房间，让我睡在这一间吧！"真有趣！他是那样自然，和蔼，一片慈爱地抚着我的头管我叫小孩子。他对我特别有好感，我也觉得他那一头长长的白发拂在两边，一对大眼睛晶光闪闪地含着无限的热忱对我看着，真使我感到一种说不出的温暖。他的声音又是那样好听，英语讲得婉转流利，我们三人常常谈到深夜不忍分开。

小曼的日记、散文、书信，是情感的直接流露，酸甜苦辣，浓艳非常，是激荡的震撼的浪漫主义。但她的小说就冷静得多了，比如那篇《皇家饭店》，就是现实主义的观照，写戏子、舞女、阔太太、皮条客、女学生，都是她从生活中观察得来的。

小曼后来跟她的表外甥庄篪兄弟闲聊时，说起写这篇小说的情景："《皇家饭店》这篇小说是逼出来的，是急就章。我的好姐妹赵清阁要编一部《现代中国女作家小说专集》，前来约稿，我推说写不来，要我翻译还马马虎虎，可是赵清阁一定要我写，说出版社关照了，缺了陆小曼的作品不行。没有办法，敷衍了一篇，拿到后，竟还受到好评。"

庄篪兄弟就问她："这部小说你为什么能写得那么生动？"

小曼答："饭店去的次数多了，自然印象就深了，写的时候就会得心应手。"

艺术离不开生活，以小曼的阅历写起这类故事来自然是得心应手。她在纸醉金迷中流连，却也看透纸醉金迷，从中跳出来，作为一个旁观者，把旧社会的罪恶腐朽描画出来，升华了主题，有同情也有批判。浮华在小曼的眼中已没有诱惑力，而如烟云。

这部小说视角独特，它是通过到皇家饭店打工给孩子治病的王婉贞的眼，看出富丽堂皇的皇家饭店的罪恶。以群像的写法，展示出那个时代女子的悲愁。与其向内转的散文不同，她的小说是向外转，向外看。看着外面那个罪恶的世界，小曼却写出一点希望来，就像将熄的火苗，吹出一点火星，希望再燃起来了。在结尾处，婉贞的孩子病重，高烧到不认识人，婉贞却不着急了，她忽然想通了死生有命富贵在天的道理，各人有各人造化，谁也不必为谁牺牲掉自己，即使是自己的孩子。就算孩子被病魔夺了去生命，她也不能堕入火坑。一反中国传统观念的牺牲精神,小曼带出了些个人主义、人文精神,这样的结尾铿锵有力,有一种精神上的胜利。

小曼笔下的女人不要牺牲,要考虑自己,要自爱,这正是小曼一贯的品质。

赵清阁对这篇小说的评价是:"描写细腻,技巧新颖,读之令人恍入其境,且富有戏剧意味,尽管小说写得仓促稍嫌潦草,而主题却有一定的现实意义……写了旧社会一群出卖灵肉的人,也写了不甘沉沦的觉醒者。她揭露了旧社会上海的黑暗、罪恶,她同情被侮辱和被损害的女人。虽然她没有指点出路,但已反映了她对现实的不满,她憧憬平等和自由。"苏雪林也评价挺高:"《皇家饭店》我读了也觉得很不错,觉得这个人是有相当文才,她的文字,清新自然,别具一格。"

陆小曼的诗也写得不错。从小在家熏陶,有了古典诗词的底子,后来又有大诗人徐志摩的言传身教,她作诗技巧渐趋成熟,她的散文和现代诗无疑深受徐志摩的影响——秾丽和哀怨,诗中的那种语气、造句和意象都像志摩。但是因为生性懒散,留下来的数量不多。她的旧体诗比新诗有味道,像吊唁志摩的挽联和扫墓时作的一首诗,凄切苍凉,情思凝重。

肠断人琴感未消,此心久已寄云峤。
年来更识荒寒味,写到湖山总寂寥。

意境苍凉,沉潜着顿挫沉郁,咀嚼之无滓,回味之无穷,尤其"荒寒味""总寂寥"更准确地传达了内心凄凉的境况。

小曼的新诗,像是吼出来的,情绪是传达出来了,但缺乏美感。《秋叶》好一些,以秋叶衬托自身,不流俗,不从众。个性的小曼,从来独树一帜。她勇敢追求自己的幸福,她所寻找的是自己的方向,这个意象应该是受志摩的影响，类似《我不知道风是在哪一个方向吹》。

  一声声的狂吼从东北里
  带来了一阵残酷的秋风，
  狮虎似的扫荡得
  枝头上半枯残枝
  飘落在蔓草上乱打转儿，
  浪花似的卷着往前直跑
  你看——它们好像已经有了目标！

  它们穿过了鲜红的枫林：
  看枫叶躲在枝头飘摇，
  好像夸耀它们的逍遥？
  可是不，你看我偏不眼热！
  那暂时栖身，片刻的停留；
  但等西北风到，它们
  不是跟我一样的遭殃，
  同样的飘荡？不，不，
  我还是去寻我的方向。

  它们穿过了乱草与枯枝，
  凌乱的砾石也挡不了道儿；
  碧水似的秋月放出了
  灿烂的光辉，像一盏
  琉璃的明灯照着它们，

去寻——寻它们的目标。

那一流绿沉沉的清溪，
在那边等着它们去洗涤
满身粘染着的污泥；
再送到那浪涛的大海里，
永远享受那光明的清辉。

劲风疾吹，枯枝残叶打着转儿地跑，还自以为那是逍遥。小曼清醒地看到了那只是随波逐流，到底要遭殃，所以她要有意识地去寻自己的方向，摆脱那种迷乱和痛苦，向着光明，向着新生。这是小曼少有的充满激情与希望的诗。

陆小曼是个随性的人，难得提笔，所以她留下来的文字不多，且多是跟别人合作的作品，与徐志摩，与王亦令，所以学者们认为她的文学成就不能和林徽因与凌叔华相比，她在文学界的影响较弱。但是她写的很多文章涉及徐志摩，所以增加了文章的历史性和资料性，给后世研究徐志摩提供了有利条件。

丹青生涯

陆小曼主要画山水画。她说："我爱大自然，但我无法去旅游，因此我愿陶醉在丹青的河山风景中。"虽因身体不好不能经常旅游，但也游览了一些地方。因住北京，她常去西山、万寿山、北海等地，又和徐志摩领略了多少文人墨客醉心的杭州。小曼最爱沈周、倪云林的山水画。她擅长设色山水，画风近似清代王鉴一路，格调幽雅淡远，天然，润泽秀丽，晚年入苍茫之境。

1940年作《江南春色图》，所画是徐志摩的故乡，一座小桥，几株杨柳，典型的江南水乡景致。深墨点染出几座房子，淡墨铺排水面，整幅画在一种浓淡清明中，留白为亮色，看得见水波倒影，两叶小舟行于水中，似徐徐而动，唯一的亮色是中间那两棵开出花来的树，粉红色的花，灼灼其华，大有"空山新雨后"的清灵空远，仿佛在乡间行走，呼吸着水汪汪的新鲜空气，顿觉神清气爽。树森茂盛，溪流人家，构成一派令人神往的宁静世界。

她的《黄山松阁图》只用褚色和青色，浓淡层叠，坡石依次远去，溪流淙淙，一片清寂。远看莽莽苍苍，如烟如云，重峦叠嶂，壁立千仞，远山不见树，留出一片空白，山与云，云与天的界线不再分明；近观郁郁青青，叠红泼翠，水波潺潺，一派生机。山石墨色清淡，笔法秀峭，给人一种"山路元无雨，空翠湿人衣"的感觉，看起来苍茫又寂寥，迷蒙且清幽。就像她那看似冷峻的实则温婉的性情，清淡而不失高雅。画的细微处，崎岖的山崖间伸出一丛丛松树，曲折的山径沿上挤出一丛丛野草，芳草萋萋，随风摇曳，一两棵红叶如火的树木穿插其间，清明中一点浓烈，淡泊中一点热情。

《翠峰冥色图》与《黄山松阁图》着色相同，湖山清旷，风情闲逸，清光宜人。只是线条更加柔和圆润了，没有那幅的参差斑驳，大概合了一个"冥色"。山、水、树、桥，一切物都被蒙上了一层灰重的颜色，沉重、湿润，像李白诗中说的："平林漠漠烟如织，寒山一带伤心碧。暝色入高楼，有人楼上愁。玉阶空伫立，宿鸟归飞急。何处是归程？长亭更短亭。"这幅画中恰有一座小木屋，两个古代装束的人物在对谈，如一方镜框，成了画中画。小曼个性喜热闹，所以少有独上高楼的心境，连最清静的山野之地也安排了两个人，不寂寞。没有浓眉深锁，有的是浅吟低唱。隐者自怡悦，虽愁也共醉。

陆小曼的山水画用色简单，运笔也不烦琐，俊雅清远，意境幽深，因为她有一颗单纯雅致的心。不像大多山水画的大气磅礴，而是清逸、淡远，女性的敏感和细腻造就了其作品的空灵和透迤，再加上她生性豪爽，笔下山水更有了生气。这么多山水画也可见出小曼热爱大自然的质朴胸怀。

陆小曼的画作因融合了中西方的绘画技巧，所以表现出耐人寻味的特色。

比如她题名"泉声咽危石，日色冷青松"的册页，几株瘦细的松树微倾着枝干，松针稀稀疏疏，疏而不简，看起来干净利落而富于变化。画中意境给人一种萧索、超然的味道。还有一个册页更是突兀独特，一棵没了叶子的树占满全幅，旁边似树非树的远景像西方的油画一笔一笔地扣上去的，底下隐隐露出两个树干作为背景，不相连的树枝伸出一枝，背景上却是一大片大片的叶子，仿佛在空中飞来的一样，很有些印象派的特点。不由得让人联想、回味。

此外，小曼还画了一些花鸟鱼虫和仕女图。

她笔下的仕女是写意的，之前多伦多拍卖行曾拍卖过陆小曼的一幅仕女画，这幅仕女图上配有李白《拟古·高楼入青天》中的前八句："高楼入青天，下有白玉堂。明月看欲堕，当窗悬清光。遥夜一美人，罗衣沾秋霜。含情弄柔瑟，弹作陌上桑。"画的落款为"小曼，于海上"。拍卖行主管人说："这幅画的拥有者是多伦多的一位八旬华人收藏家，这位收藏家出生世家，60年代移民来加拿大。这幅画是这位收藏家的家传之物。据这位收藏家的历史和声誉，拍卖行鉴定此画为陆小曼真迹。"还说，"这幅画可能作于1925年，画上的仕女被认为是陆小曼的自画像。"1925年是她与志摩相恋与王赓离婚的那一年，如此推算起来，小曼可能是借此画和诗表达当时和志摩相恋却不能相守的心情。李白这首诗的后八句是："弦声何激烈，风卷绕飞梁。行人皆踯躅，栖鸟起回翔。但写妾意苦，莫辞此曲伤。愿逢同心者，飞作紫鸳鸯。"

小曼的四联画仕女图也是各有姿态，或倚桌而坐，或对镜自怜，或拈花一笑，颇有唐代仕女的体态，形象清秀，柔弱无骨，媚态妍然。还有她作于曼庐中的一幅：一披斗篷的女子低眉颔首，仿佛正在思索，却又是不经意的不沉重的，淡然若笑，神情特别生动；宽大的斗篷几乎掩盖了全身，似被风吹鼓起来，旁边有一个矮小的女孩抱着琵琶，应该是她的侍女，头裹白色纱巾，恭敬而温顺，裙带舞动；琵琶用锦缎包裹着，穗子犹见。笔法工细流畅，人物古朴雅秀，整幅画有一股古雅的书卷气，温厚淳朴，幽雅娴静。她很注重性灵抒写，寥寥几笔，境界已出。

陆小曼画的扇面，以山水为大宗，色调和谐，笔调工整，越是小幅越是繁密，仿佛一大幅山水浓缩而成。远岫遥岑，平沙曲岸，几间村墟间隐间现，一派至为宁静的意境。

小曼擅长行书和楷书，笔墨清润雅丽，她录《红楼梦》中的诗句："半卷湘帘半掩门，碾冰为土玉为盆……"工整细腻、端庄清秀，如邻家小妹，亲切可人，或者款款而行的小家碧玉，言行举止，一颦一笑，中规中矩，温婉清丽。笔墨精妙，"如锥画沙，如印印泥"，锋藏笔中，沉静，却不落起止痕迹，下笔稳而准确，大有意在笔先的味道。

晚年录毛泽东《长征》诗一首却是另一种风格，笔酣墨饱、跌宕遒丽……

业内人士对陆小曼的画作评价不低，认为她的画作可与同时代的吴青霞、陈小翠相媲美。这不但有赖于她的天赋，有名师指教，还得益于常与钱瘦铁、程十发、应野平、孙雪泥、吴湖帆等知名画家切磋画艺。他们常在小曼画作上题字，或作出很高的评价。

陆小曼曾把自己的画集了一本画册，名为《唐宋人诗意》，钱瘦铁的评语是："烟瑕供养。甲戌嘉平之月读小曼此册，神韵满纸，文人慧业，信有然也。"孙雪泥的评价是："腕底烟云笔底山，胸中丘壑意清闲。道升画里无斤骨，天际真人想象间。"贺天健的评价是："小曼天资超逸，此册实为其最精之作，读竟欣然。"赵清阁也说她的画"洋溢着书卷气，是文人画风格"。

结　语

尼采说，这个世界不好不坏；张爱玲说，这个世界是混沌且丰富的。每个人都是一个立体的人，或者说是矛盾体，所以他们的心左右摇摆，漂泊不定，他们的私生活是变化无常、不可预见的。

有多事者对陆小曼说："志摩爱徽因是从没有见过的，将来他也许不娶，因为他一定不再爱旁人，就是爱亦未必再有那样的情,那第二个人才倒霉呢。"那样炽热的感情让人以为徐志摩再也不会爱旁人了,可是他却又爱了陆小曼,也是同样的炽热。小曼却怀疑自己是那个倒霉的"第二个人"，心里不痛快着："在他心里寂寞失意的时候，正如打了败仗的兵，无所归宿，正碰着一个安慰的心，一时关关心亦好，将来她那边若一有希望，他不坐着飞艇去赶才怪呢！"潜意识里的念头总会不由自主地常流露，何况他们都是艺术型的人，只顾个体生命的自由，只顾自己的感受和感觉，谁也不会忍谁太久，志摩也跟着不痛快了。冲破万千阻隔，以为可以相亲相爱，却发现对方不是想象中的样子。

莫非生活真是妥协的结果，还是我们太坚持非如此不可？

小曼为了与志摩在一起，瞒着父母与丈夫在当时医疗条件不完善的情况下一个人去堕胎，需要多大的勇气，而她的身体又承受了多少痛苦，以至于后来不能生育——如果她有个孩子，徐家人应该不会那样对她。小曼是飞蛾扑火，而志摩却是要求和催促，可见女人和男人的爱是不同的。男人更自私，更懂得保全自己，女人一旦爱了，便不顾一切，结果她整个人做着减法，所拥有越来越少，直至失去自己。

面对徐志摩的不纯粹，小曼没有痴狂欲绝，而是灰了心，任自己沉沦下去了。可是志摩，却仍旧怀着希望，在冰冷的现实中，在过去种种甜蜜的记忆中，竭力地想建立一个即使不纯粹却还算有点幸福的家。他努力，失望，然后就是懦弱地逃避到最不该逃避的地方去，更激起了小曼的愤怒。仿佛是一个恶性循环，这个家再也修补不好了。

这就是人性的弱点，人在自己的弱点中不能自拔，以至再也无法控制生活的方向，像《霍乱时期的爱情》，乌尔比诺医生像着了魔一样控制不住自己的激情，一边担惊受怕一边去和林奇小姐幽会。徐志摩倒是没有担惊受怕，他去拜望林徽因，去得理直气壮，像个任性的孩子。

诗人都是孩子，难得顾及他人的感受。正像有人说的："诗人的爱太过于疯狂，是一般人太难于承受的。诗人的爱太过于炽热，紧紧地贴着你，让你没有一丝喘息的机会。虽然你知道他是爱你的，但他爱你的方式却并非你所想要的。这一点，对于徐志摩来说着实尴尬得紧。"林徽因看透了这一点，所以选择了梁思成。有人认为林徽因是明智的，甚至为了自己心中这个完美的女神，不惜臆测想象：

> 失恋终归是苦痛的。所以我想也就是在这一时刻，徐志摩选择了陆小曼。陆小曼是一交际花（且已婚），徐志摩与陆小曼在一起，无疑是古代文人与妓女的故事，比如柳永躺在青楼里写下那些动人篇章。徐志摩试图借助于陆小曼将林徽因抛之脑后，于是乎刻意地将自己的这份爱大肆地渲染。他想告诉林徽因，他现在已经有女人了，自己过得好好的，请不要挂念。他让这份爱时时刻刻都充斥着

自己的脑海，几乎每天一封信写至陆小曼。或许，这样才能将他完全地占有吧。当你想试图忘记一个人的时候，就疯狂地让另一个人占满。

这是不客观的，前面章节已经讲过小曼绝非某些人想象中的"交际花"，志摩几年如一日不间断地写信也绝非是为了忘记林徽因而疯狂地让陆小曼占满。《爱眉小札》字字真切，诗人是不会假装的。正像前面所说，人心是混沌且丰富的，不是非此即彼的，徐志摩，既爱陆小曼又爱林徽因。他只是不纯粹，还没有那么邪恶、那么阴险。

而世人，不多是如此吗？

像另有人说的，"张歆海之前爱慕过林徽因，此时正在追求陆小曼，他和徐志摩是好友，谈起恋爱来也同步骤。《那些年，我们一起追过的女孩》，要放这几位身上，那可是个连续剧哦"。

爱情在他们这里，只是一种可能性，他不是爱上这个人，而是爱上爱情，选择一个差不多的，不管是这一个还是那个，都行，都想据为己有。让人不得不怀疑，这种不懈地占有心理到底有多少爱的成分。

也许弗洛姆说得对："任何一个客观地观察我们生活的人都会毫不犹豫地说爱情在我们的时代是罕见的现象，许多虚假爱情的形式取而代之，而实际上只是爱情衰亡的表现。"人类已经在异化，走向不健康不完整，所以是缺乏爱的。自己的内心盈不满，就无法爱他人，把索取把占有把自己那颗不知餍足的心当成爱。心中无爱，如何爱人，又如何得到别人的爱呢？

日里，夜里，充满委屈的孤魂在游荡。

小曼连这委屈也放弃了。

她只是灰心。因为清醒，所以连抱怨连哭闹都不屑，有时候打趣志摩，志摩还以为只是她本性宽厚、温柔。他在局中，她已经在局外了，她从小就有一双清明的眼,包括那次"拯救"父亲的明智之举。

她说她不关心政治,其实她是心明眼亮的。

陈巨来曾展出一幅长卷,上面盖满了印章,除了"毛泽东印""湘潭毛泽东印""朱德之印"之外还有"蒋中正印""张学良印""程潜之印","反右"运动时他就被揪出来了,陆小曼是他的好友,不发言批判陈巨来是无论如何"滑不过去的"。陈巨来"解教"归来,与小曼成陌路,但是后来因为自己的学生张方晦的启发才明白是自己冤枉了陆小曼。在当时的情况下陆小曼若不揭发,她自己是难逃劫难的,但是她的揭发没有一句是与陈巨来私下说的话,都是别人已经指出来的那些条,张方晦说她那是假批判呀,对于小曼的揭发如"尖刀刺在心脏上"的陈巨来如梦方醒,说:"如果私下里说的那些也揭发出来,我恐怕枪毙加活埋也不够哩。"如此小曼既保全了自己,也对住了朋友……

她清醒、她心痛,但是她管不住别人,也管不住自己,所以小曼是悲剧式的,至今想到她那句"真是海一般深的凄凉和孤独",我都会觉得心痛。

陆小曼年表

1903年11月7日，出生于上海市孔家弄，籍贯常州。

1906至1908年，在上海上幼稚园。

1909年，随母亲赴北京依父度日。

1910年，就读于北京女子师范大学附属小学。

1912至1917年，就读于北京女子中学。

1918年，入北京圣心学堂读书。同年，陆定专门为她请了一位英国女教师教授英文。

1920年，被北洋政府外交总长顾维钧聘用兼职担任外交翻译，逐渐名闻北京社交界。

1922年10月，离开圣心学堂，与王赓结婚。

1924年，出演《春香闹学》，结识徐志摩，并与之恋爱；年底翻译意大利戏剧《海市蜃楼》。

1925年，年初与徐志摩进入热恋。写下著名的《小曼日记》。

1925年8月，拜刘海粟为师学画。

1925年10月，刘海粟在上海著名的素菜馆"功德林"设宴，请陆小曼王赓夫妇、徐志摩、张歆海、唐瑛等人吃饭，委婉劝王赓与小曼分手。

1925年底，与王赓离婚。

1926年8月14日，与徐志摩订婚；10月与徐志摩结婚。

1926年10月，新婚后的陆小曼依公公之命随徐志摩离开北京南下。

1926年11月，到徐志摩故乡海宁硖石小住。

1927年1月，因江浙战争起，与徐志摩到上海定居，并与翁瑞午相识。

1927年3月，与徐志摩回硖石扫墓，并与徐志摩、翁瑞午游西湖。

1927年，出演多部戏剧，如《思凡》《拾画叫画》《汾河湾》《贩马记》《玉堂春》等。

1927年8月，以陆小曼、唐瑛等为号召，徐志摩、江小鹣等在上海成立云裳公司，任张幼仪为总经理。

1927年12月，因出演《玉堂春》而受《福尔摩斯》小报污蔑困扰。

1927至1928年，发表多篇以戏剧为主题的文章。

1928年4月至5月，与徐志摩合作的五幕剧《卞昆冈》在《新月》杂志上连载。同年出版。

1928年7月，与徐志摩合著的《卞昆冈》发行。同年夏，与徐志摩、叶恭绰共游西湖。

1929年，参与中国女子书画会的成立筹备工作。

1929年3月、6月，两次在家与徐志摩接待泰戈尔。

1929年6月，与翁瑞午、何竞武夫妇等人游"西湖博览会"。

1930年初，陆小曼父亲陆定去世。

1930年秋，徐志摩到北京大学任教，陆小曼与徐志摩开始两地分居。

1931年春，创作山水画长卷，此画后由徐志摩带到北京，请胡适等人加题。

1931年5月，到海宁硖石参加婆婆"五七"吊唁。

1931年11月19日，丈夫徐志摩因飞机失事罹难去世。

1931年12月，因徐志摩飞机失事，悲痛之余，写下《哭摩》一文以表哀思。应邵洵美相邀，为徐志摩遗作《云游》作序。

1931年底，师从贺天健和陈半丁学画，师从汪星伯学诗。

1931年底，在徐志摩公祭时，送上挽联："多少前尘成噩梦，五载哀欢，匆匆永诀，天道复奚论，欲死未能因母老；万千别恨向谁言，一身愁病，渺渺离魂，人间应不久，遗文编就答君心。"

1933年，整理徐志摩写的《眉轩琐语》，在《时代画报》第三卷第六期上发表，后来《眉轩琐语》收在陆小曼1947年所编的《志摩日记》里。

1933年清明，独自一人到海宁硖石给徐志摩扫墓，归后写下一首诗："肠断人琴感未消，此心久已寄云峤；年来更识荒寒味，写到湖山总寂寥。"

1934年，在第三十八期《论语》刊上初次对《爱眉小扎》作序。加入中国女子书画会。

1935年10月，与赵家璧一起编好《徐志摩全集》，并交由商务印书馆。

1936年，经良友图书公司出版图书《爱眉小札》。

1938年，开始与翁瑞午同居。

1939年9月，发表《随着日子往前走》，刊于《南风》第一卷第五期。

1939年10月，发表《中秋夜感》，刊于《南风》第一卷第六期。

1940年8月，发表《泰戈尔在我家》，刊于《良友》画报第一百五十期。

1941年，在上海大新公司开个人画展。

1943年2月，为在桂林良友复兴图书公司再次出版的《爱眉小札》作序。

1947年，写短篇小说《皇家饭店》，收入赵清阁主编的《无题集——现代中国女作家小说专集》中。

1947年3月，由晨光图书出版公司出版陆小曼后整理的徐志摩1918年的《西湖记》、1926至1927年的《眉轩琐语》、志摩亲笔题名的《一本没有颜色的书》和已出的《爱眉小札》《小曼日记》，共五个部分，总题为《志摩日记》。

1947年6月，发表《牡丹与绿叶》，刊于6月21日《申报·副刊·春秋·刘海粟画作专刊》。

1949年7月，参加新中国第一次全国画展，入选两幅画作。

1954年春，北京商务印书馆返还《徐志摩全集》书稿清样。

1955年3月，参加第二次全国画展，入选两幅画作。

1956年，入上海中国画院当专业画师，并参加上海美术家协会。

1956年，4月受到陈毅市长的关怀，被安排为上海文史馆馆员。同年，入农工民主党，担任上海徐汇区支部委员。

1956年，与王亦令合作翻译《泰戈尔短篇小说集》、艾米丽·勃朗台的自传体小说《艾格妮丝·格雷》等，因故未能出版。

1957年1月，与王亦令合作改编的通俗故事《河伯娶妇》由上海文化出版社出版。

1957年，撰写《遗文编就答君心——记徐志摩全集编排过程》和《泰戈尔在我家作客——兼忆志摩》两篇手稿，由她的堂侄女陆宗麟保存。后经赵家璧推荐，分别发表在1981年《新文学史料》第四期和1981年的《文汇》月刊第十一期上。

1959年，任上海市人民政府参事室参事。同年，被全国美协评为"三八红旗手"。

1961年1月，翁瑞午去世。

1962年9月，撰写文章《关于王赓》在《文史资料选辑》第三十辑上发表，文章批驳了沈醉说"她是舞女并与王赓遗失地图一事有关"的说法。

1965年4月，过世前夕，把未能出版的《徐志摩全集》的一份样本、一箱纸版，梁启超为徐志摩写的一副长联，她自己的那幅山水画长卷以及一些她与志摩的手稿、志摩坠机时未毁的纪念品，胡适、杨铨的长题等交给陈从周保存。

1965年4月3日，在上海华东医院病逝，享年六十二岁。